1% 호기심, 꿈을 쏘는 힘

_____ 님께

더 나은 미래를 상상하는 당신께 드립니다.

_____ 드림

**NASA 최고의 항공우주학자에서 서울대 의대 교수로 변신,
꿈꾸는 의공학자 김성완의 과학, 도전, 인생 이야기**

1% 호기심
꿈을 쏘는 힘

김성완 지음

KOREA.COM

🚀 추천사
1%, 작지만 완성시키는 힘

    현대는 '융합과 통섭의 시대'다. 융합은 다른 학문 분야 간의 물리적 연계가 아니라 고유 학문을 유지하면서 새로운 아이디어를 만들어 내며 시너지를 발산하는 것이다. 김성완 교수는 '의학'에 '항공우주과학'을 접목시켜 보기로 했다. 그의 표현대로 '의학에 날개를 달아 보자'는 것이다. 두 학문을 융합한 의공학을 통해 분명 더 나은 미래가 올 것임을 믿어 의심치 않는다.

    김성완 교수는 그의 전공인 항법제어 분야처럼 치밀하고 견고하면서도 미세한 작은 부분 하나까지 잡아내 제어하는 능력을 가지고 있다. 의학은 사람의 생명을 다루는 분야이기에 작은 실수도 용납하지 않는다. 그런 의학과 김성완 교수의 1%가 만났다. 우리는 NASA에서의 오랜 경험을 통해 다져진 김성완 교수의 노하우, 그만의 1%를 기대한다. 그의 저력을 알기에, 그를 통해 대한민국 의공학의 초석이 단단해질 것임을 믿는다. 더 나아가 이 책에 담긴 김성완 교수의 1%를 많은 이들이 경험하여 미래의 초석을 다져 줄 것을 기대한다.

—**강대희**, 서울대학교 의과대학 학장

우리는 누구나 '꼭 필요한 사람'이 되길 바란다. 자신의 능력을 최대한 발휘해 내가 속한 곳과 나라에 이바지할 수 있다면, 이보다 더 큰 영광이 있을까. 나 또한 오랜 시간을 내가 속한 곳에서 집요하리만치 최선을 다해 혁신하면서 달려왔다. 그렇기에, 김성완 교수가 NASA로 전진하기까지의 끝없는 노력에 공감하고 한국으로 돌아와 쏟고 있는 열정에 박수를 보내는 마음으로 이 책을 읽었다.

저자는 안주하고 싶은 순간마다 오히려 도전하고 혁신했다. 그것이 가능했던 이유는 기본이 준비되었기 때문이다. 모든 혁신의 기본은 '기초부터 튼튼히 하는 것'이다. 이것이 내가 이 책을 권하고 싶은 가장 큰 이유다. 그는 기초의 중요성을 알고 기초를 충실히 다졌기에 어떠한 순간에도 흔들리지 않는 그만의 길을 만들어 갈 수 있었다. 그는 다시 새로운 도전을 시작했다. 어제의 김성완보다 내일의 김성완이 더 기대되는 이유다.

—**손욱**, 서울대학교 차세대융합기술연구원 WCCP 주임교수,
전 삼성종합기술원장 및 삼성인력개발원장

CONTENTS

추천사 • 4
프롤로그 | 단 1도만 부족해도 물은 끓지 않는다 • 10

Part 1. 카운트다운
도전의 불씨를 만들라

1. 나는 왜 만족하지 않는가 24
늦은 도전은 없다, 오늘이 가장 빠른 날이다
과학자는 증명을 믿는다, 나는 증명할 것이다

2. 그리 멀지 않은 미래에 31
10년, 우주여행 시대가 열린다
우주왕복선 연구는 왜 중요한가

3. 당신 인생의 가장 짜릿한 순간은 '지금' 36
삶의 가치를 어디에 둘 것인가
미련이냐 미래냐를 선택하라

4. 도전의 시작은 호기심이다 41
부뚜막에 올라가는 고양이가 되라
호기심을 살리는 말, 사형선고를 내리는 말

Part 2. 점화
추진력은 마지막 1%에서 나온다

1. 어린 시절의 '영웅'이 미래를 결정한다 48
'600만 불의 사나이'에 열광해도 좋은 이유
열정과 끈기를 부르는 엉뚱함의 힘

2. 무엇보다 중요한 것은 원칙이다 56
학교, 인생을 달리게 하는 시동 장치
부모, 살아갈 길을 안내하는 방향키

3. 부모와 자녀는 평행이론으로 통한다   **61**
아버지와 함께하라, 아버지에게 물으라
어릴수록 '어떻게 살 것인가'를 고민하라

4. 1%의 차이가 일생을 바꾼다   **67**
악착같이 하지 마라, 1%만 더 하라
공부의 왕도, 과목별 1% 공략법

5. 사소한 차이가 공부의 '왕도'를 만든다   **72**
형제 많은 집안에 인재도 많다
'숙제 따라 하기'는 최고의 선행학습

Part 3. 발사
집중하라, 발사하라

1. 나의 태양은 30분 먼저 뜬다   **78**
'뒤따를 것인가, 앞설 것인가' 예습의 힘
시간을 만든다! '하루 30분 6개월의 법칙'

2. 타고난 리더, 만들어지는 리더십   **85**
진정한 리더는 더 낮아져야 한다
귀가 큰 리더는 힘이 세다

3. 성실한 바보가 게으른 천재를 이긴다   **90**
궁금한 것은 바로바로 풀라
천재인가? 아니라면 무조건 성실하라

4. '지금, 바로 여기에서' 최선을 다하라   **97**
세상에 쓸모없는 지식은 없다
세상에 가치 없는 만남은 없다

5. '어디에서 하느냐'보다 '무엇을 하느냐'다   **103**
멀고 높고 좁은 길을 택하라
차근차근 조심조심, 갓난아기 공부법

Part 4. 궤도진입
버티는 힘, 오기가 필요하다

1. 필요는 필연을 낳는다　　　　　　　　　　*110*
　　장학금이 맺어 준 NASA와의 첫 인연
　　문제 하나에 미치도록 파고든 적이 있는가

2. 땀은 거짓말하지 않는다　　　　　　　　　*117*
　　증명의 기쁨, 학문의 즐거움
　　끝나지 않는 승부는 없다

3. 취업도 전략, '목표 트리'를 만들라　　　　*123*
　　이력서만 400통, 오기의 취업사
　　천재지변도 막지 못한 무한 도전

4. 필요하면 주 100시간씩 일하라　　　　　　*129*
　　일주일에 반나절만 쉬면 되지
　　'꿈의 양념'이 인생의 맛을 바꾼다

5. 안주하는 삶은 발전이 없다　　　　　　　　*134*
　　편안해질 때면 가방 싸는 남자
　　게으른 천재는 꿈을 이룰 수 없다

Part 5. 비행
상상 이상을 상상해야 신세계를 본다

1. NASA, 그 평범 속의 비범　　　　　　　　　*142*
　　나무가 아닌 숲을 보는 연구를 하라
　　시너지 효과는 팀워크로부터

2. 국가가 나서야 하는 이유　　　　　　　　　*149*
　　교육은 다음 세대를 위한 최고의 투자
　　기초과학이 나와 우리, 나라를 바꾼다

3. NASA에 대한 오해와 이해　　　　　　　　*157*
　　잘 노는 사람이 연구도 잘한다
　　자신의 뒷모습에 책임지는 사람들

4. Return to the Moon, 우리는 달로 간다　　*162*
　　차세대 우주왕복선에 필요한 것은
　　달은 가장 자유로운 사고의 사람들이 간다

Part 6. 탐사
미래는 융합으로 가고 있다

1. 융합, 세상 모든 것에 날개를 다는 것   *170*
응용하고 조합하라, 아이디어를 날게 하라
무에서 유가 아닌, 유에서 더 좋은 유로

2. 적응도 능력이다, 융합이 답이다   *176*
느긋할 것인가, 서두를 것인가
서두르다 놓치는 가치에 주목하라

3. 1%들이 모여 100%를 향해 간다   *181*
외인구단은 없다, 모두가 브레인이다
우리의 미래는 이렇게 달라질 것이다

4. 사소한 것부터 챙겨라, 생활 속 이기는 습관들   *187*
정리도 실력이다, 메모는 능력이다
기록하는 자와 흘려보내는 자

Part 7. 귀환
무엇을 위한 성취인가

1. 행복은 높은 곳에 있지 않다   *194*
하루 5분, 온 가족이 수다를 떨라
부모들에게 전함, 자녀는 '돌아이'다

2. 지금 가진 것부터 감사하라   *200*
관계를 이어 주는 소중한 열쇠, 약속
누가 미국은 대학 가기 쉽다고 했나

3. 소통하라, 사람이 기쁨이다   *205*
수다 좋아하는 선배를 멘토로 삼으라
모든 만남은 내게 답을 준다

4. 영혼을 위해 투자하라   *211*
사랑하라, 삶을 시작하게 한 가족
감사하라, 삶을 완성시키는 신앙

에필로그 | 오늘, 미래를 향한 탐사는 계속된다 • *217*

프롤로그
단 1도만 부족해도 물은 끓지 않는다

　이 책을 읽는 독자가 올드 무비 팬이라면 "이너스페이스(Innerspace)"라는 영화를 기억할 것이다. 데니스 퀘이드, 맥 라이언 등 당대의 청춘스타들이 출연한 공상과학영화로, 이제는 거장이라는 말로도 설명이 부족한 스티븐 스필버그가 그만의 기발한 상상력을 발휘해 세상을 놀라게 한 작품이다. 1987년도에 나온 영화이니, 벌써 26년이 훌쩍 지나 '고전'이 되었다고 할 수 있다.

　1987년. 돌이켜 보면 그해는 내 인생에서 가장 큰 변화들이 급격하게 찾아왔던 때이기도 하다. 그해 2월, 석사과정을 마쳤고 여름에는 군에 입대했으며, 바로 다음 해에 떠나기로 한 유학 준비로 혼란스러웠다. 새로운 인생의 항로가 정신없이 개척되던 그해와, 난데없는 영화 사이에 도대체 무슨 관계가 있는 걸까.

　26년 전, 나를 포함해 이 영화를 봤던 거의 모든 관객들은 잘 만든 오락 영화 한 편에 지불한 돈을 아까워하지 않았다. 사람과 잠수정이 개미 콧구멍만 하게 줄어들어 다른 사람의 몸에 들어가 모험을 펼친다는, 당시로서는 상상하기 힘든 설정과 배꼽을 잡게 하는 유머 덕분에 러닝타임 내내 키득거렸던 기억이 난다. 하지만 내게는 영화 속에 등장한 과학적 지식과 소재들이 더욱 인상 깊게 남았다. 주인공은 눈에 보이지도 않는 사이즈로 줄어든 잠수정을 탄 채 혈관을 타고 흐르는 적혈구와 부딪치기도 하고, 심지어 여자친구의 뱃속에 있는 자신의 아이(태아)와 마주치며 감동의 눈물을 흘리기도 한다.

 당시로서는 그야말로 SF 즉 '사이언스 픽션(Science Fiction)'일 수밖에 없었던, 그저 인간의 상상력에 감탄하는 것이 전부였던 영화 속 설정이었다. 그런데 30여 년이 지난 지금은 어떠한가. 전자공학 및 나노 기술의 눈부신 발달과 최첨단 과학기술의 등장으로 이런 설정은 더 이상 억지스러운 웃음을 자아내는 소재가 아니다. 이미 IT · 나노 · 바이오 등을 중심으로 한 과학기술은 초소형 비행체나 최첨단 우주선의 개발뿐 아니라 암을 비롯한 각종 질병 예방 및 치료 등에 활발히 응용되고 있다. 우리의 상상 속에서만 머물렀던 이야기들이, 이제 현실화되기 시작한 것이다. 인간의 상상력과 이를 실현할 잠재력은 과연 어디까지일까.

1988년 미국으로 떠나 2010년 한국에 돌아오기까지 22년간 미국에서의 내 커리어 가장 마지막 페이지에는 NASA의 로고가 선명히 남아 있다. 항공우주공학을 꿈꾸는 과학도는 물론 모든 미국인, 어쩌면 전 세계의 엘리트들이 선망하는 연구소, 미국항공우주국 NASA가 나의 직장이었다. 그곳에서도 나는 연구소 전체가 주목하는 연구에 관여해 비밀스럽고도 막중한 임무를 진행했다. 나는 우주왕복선의 핵심 기술인 항법제어 분야를 총괄하는 책임연구원이었다. 오랜 시간, 우주와 NASA 이 두 단어는 나의 일상이었고 전부였다.

그러던 내가 다시 한국으로 왔다. 현재 나는 서울대학교 의과대학에 있다. 사람들은 의아해한다. 항공우주공학을 연구한 과학자인 내가 서울대 의대 교수가 되다니, 도무지 이해할 수 없다는 반응이다. 많은 사람이 의학과 과학, 항공우주연구소와 대학병원 사이에 대체 무슨 연관이 있느냐고 묻는다. 나도 이런 나의 선택이 놀랍다. 내가 한국행을 결정했을 때 NASA의 내 상사는 "당신 자리는 비워 둘 테니 언제든 돌아오라"고 했다. 많은 이들의 만류를 뿌리치고 내 꿈의 종착역이라 생각했던 NASA를 뒤로 한 채 나는 한국으로 돌아왔다. 나를 다시 가슴 뛰게 한 것은 무엇일까.

초등학교 시절부터 '600만 불의 사나이'에 매료되었던 내게, 인간의 한계를 뛰어넘는 과학의 길은 어쩌면 인생의 당연한 수순이었는지도 모른다. 의공학은 의술이자 기술이다. 그리고 나는 여기에 항공우주공학을 접목할 것이다. 바로, 의공학에 '날개'를 다는 것이다. 항공기가 비행을 하려면 날개가 있어야 하듯, 의공학 관련 분야에 날개를 달아 줄 것이다.

이를 위한 구체적인 나의 목표는 '모든 의료기기에 날개를 다는 것'이다. 대학원을 마치던 무렵 그럴듯하게 만들어진 할리우드 영화에나 등장하던 설정은, 의공학 교수로 20여 년 만에 고국을 찾은 지금에는 실현 가능한 '기술'이 되었다. 서울대의 교수 제의를 받는 순간 나는 나만이 할 수 있는 이 새로운 길을 가리라 결심했다.

첨단 과학기술을 적용한 의공학이란 구체적으로 무엇일까. 내시경 수술을 생각해 보자. 흉터가 많이 남고 예후도 떨어지는 전통적 외과수술에 비해 내시경은 국소 절개와 적확한 치료를 통해 수술 성공률을 획기적으로 높였다. 하지만 요즘 기술 수준에 비하면 이 내시경 수술 또한 여간 불편한 것이 아니다. 이럴 때 첨단 의공학을 가미한 수술법은 없을까. 가령 '날개 달린 먹는 내시경' 같은 것 말이다.

서울대 의공학 교수로 돌아오기 전부터 내 머릿속에는 먹는 내시경에 대한 기발한 아이디어가 저장돼 있었다. 이미 의료용으로 사용되고 있는 캡슐형 내시경은 편리한 만큼 단점도 많다. 내 아이디어는 캡슐형 내시경에 날개를 다는 것이다. 비행기와 비슷한 날개를 단 내시경이 몸속을 돌아다니며 수술에 나선다는 아이디어는, 서울대 교수 임용 후 전문가들과 심도 있는 논의 끝에 '능동형 내시경'이라는 이름으로 현실화되어 가고 있는 중으로, 현재 한국과 미국 특허를 동시에 출원한 상태다.

능동형 내시경 외에도 항공우주과학을 이용해 의학의 발전을 기대할 수 있는 연구는 우주 속 행성의 수만큼이나 많다. 국제우주정거장(International Space Station, ISS)과 그 사이를 오가는 유인 및 무인 우주왕복선, 달로 쏘아 올린 유인 달 탐사, 화성을 포함한 태양계에 보낸 수많은 무인 탐사선 등을 생각해 보라. 칠흑 같은 우주정거장 주변을 자유로이 유영하는 우주인도 말이다. 우주와 생명에 대한 경외감으로 벅찬 감동이 솟아오른다면, 당신은 이미 과학의 세계에 한 발 다가선 것일지도 모른다.

인간을 달에 보낸 아폴로 프로그램 이후에 NASA가 만든 첨단 항공우주과학의 결정체는 바로 우주정거장과 우주왕복선이다. 우주왕복선과 우주정거장을 자세히 보면 사람보다 훨씬 커다란 팔이 부드럽게 움직이고 있다. 바로 로봇 팔이다. 이 로봇 팔은 순간의 오차나 방심조차 허용되지 않는 우주 공간에서 정밀한 작업들을 이뤄 낸다.

이제 이 로봇 팔을 가까운 곳에서도 볼 수 있다. 바로 수술실이다. 물론 이미 의료용 로봇이 많은 병원에서 사용되고 있고 정밀도 등에서도 발전을 거듭하고 있다. 하지만 '조금 더' 연구하는 내 호기심은 새로운 도전을 만들어 냈다. 커다란 로봇 팔을 이리저리 움직이는 대신 좀 더 쉽고 편하고 안전하게 사용할 방법은 없을까.

　기존의 로봇 수술은 의사가 두 손과 두 발을 모두 이용해 로봇 팔을 조작해야 한다. 따라서 장시간 수술시 의사들의 근육통 및 피로도가 쌓여 중간에 수술을 멈추고 쉬어야 하는 어려움이 있었다. 나는 수술용 로봇에 우주왕복선과 우주정거장에서 사용하는 로봇 팔을 적용해 보았다. 바로 조이스틱이다. 우주선 안에서 우주선 밖의 로봇 팔을 조종하는 모습을 상상하면 된다. 조이스틱처럼 생긴 조종대를 이용하면 로봇 팔의 조작이 용이할 것이고 더 나아가서는 두 개의 조이스틱으로 4개의 로봇 팔을 환자의 몸속 이곳저곳으로 움직일 수 있다. 사람의 생명을 다루는 기술로서 수술용 로봇은 우주 공간에서만큼 정밀하게 조작하고 한 치의 오차 없이 작동되어야 한다.

　그것만이 아니다. 로봇 팔을 원격으로 조종하는 기술로 발전시킨다면 가까운 미래에는 의료 서비스를 제대로 제공받지 못하는 산간 지역 등에서도 정밀한 수술이 이루어질 수 있을 것이다. 이것이 텔레메디슨(tele-medicine, 원격 의료)이다.

이러한 로봇 팔의 기본 원리는 바로 항법과 유도, 제어다. 20년이 넘는 세월 동안 미국에서 공부하고 연구한 분야다. '날개'와 '로봇 팔'을 기존의 기술에 접목하는 융합이 바로 내가 일으키고 싶은 대한민국 의공학의 혁신인 것이다.

능동형 내시경과 수술용 로봇 팔을 비롯해 내가 현재 서울대학교에서 진행 중인 과제는 일곱 가지에 이른다. 특히 항법과 제어 기술을 수술용 로봇 팔에 접목한 시도들이 연구의 중심이 되고 있다. 수술용 로봇, 제모 로봇, 재활 로봇 등은 세계적으로 관심이 커지고 있는 유망 분야다. 의학과 의공학, 항공우주공학을 접목하고자 하는 나의 목표는 결국 '항공우주의학(Human Space Biology)'이라는 학문이 추구하는 목표와 같다. 항공우주의학은 말 그대로 우주여행을 위한 인체의 변화나 적응 등을 연구하는 분야로, 인체의 메커니즘을 아는 것이 기본인 연구다. 그러다 보니 당연히 의학과 의공학이 필수다. 여기에 우주에 관한 기본적 지식, 즉 항공우주공학을 제대로 이해해야만 한다. NASA와의 연결 고리가 있는 내가 이 분야의 최적임자라

자부하는 것은 과장이 아니다.

'600만 불의 사나이'를 꿈꾸었던 아시아 변방의 작은 소년의 엉뚱한 상상력은 이제 우주복 제작에 활용되고 있다. 그리고 그 상상력은 앞으로 더 발전되어 갈 것이다. 이제는 '아이언맨'이 입는 특수복 같은 지능형 옷을 개발해 신체 이상을 자동으로 체크하는 등 인간의 한계를 과학으로 극복하게 만들고, 더 나아가 우주여행까지 하는 상상을 한다.

미국 땅을 처음 밟은 80년대 후반, 내가 만난 미국인들에게 한국은 언제 전쟁이 터질지 모르는, 찢어지게 가난한 분단국가의 이미지, 그 이상도 이하도 아니었다. 모스크바 올림픽과 LA 올림픽을 지나 동서 진영이 함께한 평화의 제전 서울 올림픽까지 치른 나라였지만 이 사실 하나로 나라의 위상이 한순간에 뛰어오르지는 않았다.

한국이란 나라가 어디 있는지도 모르는 이들과 함께 생활한다는 것, 나아가 그들과의 경쟁에서 이겨야 한다는 것, 그것은 곧 남과는 다른 나만의 특별함과 탁월함을 갖춰야 한다는 뜻과도 같았다. 부족한 영어 실력 탓에 수식을 수십 장의 종이에 손으로 직접 풀어 과제로 제출했던 경험은 약과다. 미국의 직장 문화를 몰라 눈물 젖은 샌드위치를 혼자 먹었던 기억, "발음이 안 좋다"며 수십 번씩 다시 말해 달라는 시비와 멸시를 받았던 기억, 박사학위를 받기 위해 현지인 학생들보다 훨씬 많은 밤을 새워 가며 논문을 준비했던 기억들도 있다. 학위를 취득한 후에도 때마침 닥친 불황 때문에 이력서만 400통을 넘게 써 보냈다. 1994년에는 어렵게 합격 통지를 받은 기쁨을 누릴 새도 없이, 아내와 이제 막 돌이 지난 아이까지 차에 태운 채 대지진을 뚫고 회사를 찾은 적도 있었다.

중소 규모의 연구소에서 세계적 기업인 보잉(Boeing)을 거쳐 과학자들의 꿈이라는 NASA에 입성하기까지의 과정은 그야말로 고난과 인내의 연속이었다. 그리고 무엇보다 나 자신을 깨뜨리는 과정이기도 했다. 안주와 도전, 편안함과 고생 사이에서 내가 택한 것은 언제나 후자였다.

내 삶의 전부라 해도 지나치지 않을 도전과 성취의 역사. 이를 이룰 수 있었던 바탕에는 남들과는 다른 '1%의 노력'이 있었다고 생각한다. 2%도 아니고 1%다. 별것 아닌 것 같지만 이 1%를 실천했는지 하지 않았는지의 사이에는 엄청난 간극이 존재하고, 결국에는 상상도 못할 격차가 벌어지게 마련이다.

　물은 절대 99도에 끓지 않는다. 100도에서 단 1도만 모자라도 물의 상태에는 변화가 없다. 하지만 여기 1%의 자극이 가해지면 맹렬히 끓어오르기 시작한다. 사람도 마찬가지다. 수많은 이들이 1%의 노력을 눈앞에 둔 채 가망이 없다며 돌아서곤 한다. 잔잔한 물을 끓어오르게 하고 성공한 인생을 보장해 주는 이 1%의 정체가 과연 무엇일까. 그건 바로 '남들에게는 없는 나만의 노하우와 규칙'이다. 무엇보다, 세상 모든 것에 대한 관심과 호기심, 탐험 의지가 이러한 변화의 불씨가 되어 주었다.

　지난 1월, 드디어 전 국민의 염원이 담긴 나로호 발사가 성공했다. 우리 땅에서 처음 발사에 성공한 나로호는 한국의 항공우주공학을 한 단계 발전시킨 쾌거임이 분명하다. 실패에 대한 두려움, 엄청난 비용을 감수하면서 굳이 우주발사체를 쏘아 올리는 이유는 무엇일까. 시행착오를 감안하고도, 발사의 성공으로 얻을 수 있는 과학적 혜택 또한 어마어마하기 때문이다. 한국의 항공우주공학과 의공학을 발전시키는 데 있어 내 힘이 조금이나마 도움이 된다면 그보다 더한 기쁨도 없으리라.

  꿈꾸는 자는 결코 멈추지 않는다. 대학에서, 보잉에서, NASA에서, 그리고 지금 서울대학교 의공학 분야에서 연구를 거듭하고 있는 나 역시 그렇다. 얼마나 오랜 시간이 걸릴지, 얼마나 많은 실패를 겪을지 모르지만, 지금까지 그래 왔던 것처럼 꿈을 찾는 노력은 쉼 없는 거북이의 걸음처럼 계속될 것이다. 이 책을 읽는 독자들과 성공의 길을 함께 걷고 싶다. 이 책이 그런 여정에 방향을 잡아 줄 계기판 역할을 한다면 좋겠다.

— 김성완

1% 호기심, 꿈을 쏘는 힘

Part 1
카운트다운

도전의 불씨를 만들라

COUNTDOWN

CHAPTER 1
나는 왜 만족하지 않는가

복잡했다. 누구라도 부러워할 미국항공우주국 NASA의 책임연구원. 내 이름 앞에 붙는 반짝이는 수식어는 오히려 나의 정체성을 흔들었다.

미국이란 나라에서 연구하면 할수록 내 조국 한국이 슬금슬금 내 다리를 잡아당기는 것 같았다. 이 나라가 미래를 향해 쭉쭉 뻗어 나갈 때 한국은 여전히 제자리에 머무르고 있는 듯했다. OECD 가입이며 선진국 진입이며, 화려한 이름표들이 대한민국을 설명했지만 현장에서 실감하는 격차는 너무도 컸다. 미국의 연구소지만 미국을 넘어 세계에, 우주에 말을 거는 NASA의 연구, 첨단 항공우주와 관련한 내 프로젝트 덕분이었을까. 많은 연구에 깊이 관여할수록 그동안 알지 못했던 한국의 현실이 보였다.

이미 선진국에서는 항공우주 연구는 물론 이와 연계된 분야인 인공위성을 통한 기상관측 및 방송 중계 서비스가 이루어지고 있다. 또한 생명공학 분야를 통해 인류의 생존 기술을 활발하게 연구하는 등 다양한 분야에서 시너지 효과를 내고 있다. 기초과학의 심화된 연구뿐 아니라 새로운 융합 기술로 더 나은 미래를 만들어 가는 것이다. 이것이 과학의 힘이다. 우리의 상상을 현실화하며 미래를 꿈꾸고 만들어 가는 항공우주과학 분야에 내가 속해 있다는 사실이 흥분되고 감사했다.

기회가 온다면 선진국들이 치열하게 경쟁하는 이곳에서 한국도 그들과 함께 어깨를 나란히 할 수 있도록 기반을 만들어 주고 싶었다. 내가 연구하는 분야가 항공우주 분야이기 때문만은 아니었다. 항공, 우주, 과학, 수학 등의 기초 학문은 한 나라의 힘이다. 이미 선진국에서는 오래 전부터 항공우주공학 등에 투자를 많이 해서 기초부터 탄탄히 다져 왔고 결실을 보고 있는 상황이다. 그러나 한국은 일본보다도 30년 늦게 항공우주 연구를 겨우 시작한 데다 당장의 성과를 보기 힘든 이러한 분야에 대한 투자도 미비한 실정이었다.

늦은 도전은 없다, 오늘이 가장 빠른 날이다

텍사스 주 휴스톤 시에 위치한 NASA 존슨스페이스센터(Johnson

Space Center, JSC) 입구에는 국기 게양대가 있다. 그곳에는 국제우주정거장(International Space Station, ISS) 프로그램에 참여한 15개국의 국기가 바람에 펄럭이고 있다. 그러나 15개의 국기 중 태극기는 없다. 나는 이곳에 들어설 때마다 우리는 언제 우주 강국으로 서게 될까 하는 생각에 마음이 저릿했다. 반짝이는 대한민국의 두뇌가 왜 더 다양하게 발전하지 못하는 것일까 하는 생각에 나의 조국을 떠올릴 때마다 머릿속이 복잡했다.

하지만 복잡한 '머리'와 연구에 필요한 '머리'는 따로 놀았다. NASA의 계획대로 우주비행체 연구로 바쁘게 지낼 수밖에 없던 나날이었다. 그러던 2008년의 어느 날, 서울대학교 의과대학 의공학교실로부터 한 통의 전화를 받았다. 교수 임용 제의였다. 결코 쉽지 않은 고민이 시작된 것이다.

NASA에서의 내 위치, 프로젝트, 커리어, 당시 받고 있는 최고의 대우…. 그동안 미국에서 성공적인 인생을 살아왔고 앞으로의 미래도 어느 정도 보장되어 있는데 뒤늦게 '낯선' 한국에 돌아가 뭘 하겠느냐고 말리는 사람들이 대부분이었다. 어찌 보면 고민할 필요도 없는 제안이었다.

그럼에도 불구하고 자꾸만 한국으로 마음이 기울었다. 그동안 고국을 생각할 때마다 느끼던 애잔함이 태평양을 건너 전해져 이런 제안을 받은 것은 아닐까 하는 억지 인연까지 끼워 맞추곤 했다. 동시에 나는 하나님의 축복을 받은 사람이란 생각을 떨쳐 버릴 수 없었다. 솔직히 이런 행복한 고민을 할 수 있는 사람이 지구상에 몇 명이나 될까 싶었다. 꿈꿔 왔던 미국에서의 공부와 세계 최고의 연구소인 NASA에서의 경험들, 특히 장기 프로젝트로 진행되어 원 없이 해온 항공우주공학 관련 연구, 그리고 한국 최고의 명문 서울대의 제안까지. 둘 중 하나를 선택해야 했지만, 그 무엇을 택한다 해도 좋은 상황이었다. 바둑의 '꽃놀이패'에 비유할 수 있을 정도로 기쁘면서도 한편으론 무척이나 고민했다.

나는 어려운 문제에 직면할 때마다 주변 사람들에게 숨기지 않고 솔직하게 상황을 털어놓는 편이다. 상담과 조언을 통해 정면 승부하는 것이다. 이번에도 어려운 상황을 솔직하게 털어놓자 마음먹었고, 결국 NASA 책임자를 만나 상의하기로 결정했다. 내 이야기를 끝까지 진지하게 들은 그는 깊은 숨을 내쉬었다.

"제일 중요한 것은 가족이니 가족과 상의해서 당신이 하고 싶은 일을 결정하세요. 하지만 우리는 당신이 이곳에 머물기를 바랍니다. 그동안의 훌륭한 업적이 있으니 고국인 한국에서 당신의 역량을 발휘하고, NASA로 언제 다시 돌아오더라도 우리는 당신을 환영할 것입니다."

그의 대답에 가슴 한구석이 찡하게 울려 왔다. 의외였다. 'NASA를 포기하고 서울대로 가거나, 서울대를 포기하고 NASA에 남으라'는 단순한 결론을 예상했기 때문이다. 책임자의 이야기를 듣고 뒤돌아 나오면서 '지난 10년간 내가 NASA에서 올바로 살았구나' 하는 생각이 들었다. 감사함이 물밀듯 밀려왔다.

　NASA의 전폭적인 배려가 있었다 해도 당장은 혼자 한국으로 떠나야 하는 상황이었기 때문에 가족들의 의견도 분분했다. 대학 진학을 앞둔 아들과 아내가 나 없이 타국 생활을 감당할 수 있을지 걱정되었고, 심지어 키우던 강아지까지 걱정될 정도였다. 큰일부터 소소한 일 하나하나까지 무엇 하나 빠지지 않고 고민거리가 됐다. 그야말로 '잔잔한 호수에 누군가 돌을 던진' 상황이었다.

　수십 번에 걸친 가족회의 끝에 '일단은 가서 부딪쳐 보자'고 결정을 내렸다. 가족을 모두 두고 홀로 귀국하는 상황이었기 때문에 이삿짐이라고 해 봐야 당장 입을 옷가지 몇 벌이 전부였다. '고국에서 또 어떤 새로운 도전을 펼치게 될까?' 두근거리는 심장은 좀체 멈추질 않았다.

과학자는 증명을 믿는다, 나는 증명할 것이다

　해외에 나가면 누구나 애국자가 된다 하지 않았던가. 나도 마찬가지다. 전 세계인들이 모여 사는 미국에서, 그것도 공학 분야의 최고봉인 NASA에 몸담고 있으면서도, 우리나라의 공학이 얼마나 뒤처져 있는지 피부로 느낄 때면 깊은 안타까움에 빠져들곤 했다. 물론 대한민국이 전자나 컴퓨터 분야에서 세계 최강임은 언급할 필요도 없지만, 오히려 그렇기 때문에 안타까움은 배가 되었다.

  한국 학생들의 이과적 기질은 이미 세계 최고 수준이다. 수학이나 물리, 화학 등의 세계 올림피아드에서 항상 상을 휩쓰는 것만 봐도 그렇다. 이것은 한국인이 가지는 힘이다. 한국 학생들의 올림피아드 수상 소식에 대한 기사를 볼 때마다 한국의 미래가 밝다는 사실에 힘이 불끈 솟는다. 그러나 대학에서 기초 학문이 사양화되고 학생들이 이공계를 기피한다는 사실은 믿을 수 없을 만큼 안타깝다. 오늘의 대한민국을 세운 힘이 바로 이것인데, 세계 어느 민족보다 뛰어난 자질을 가지고 있음에도 기초 학문의 중요성을 인식하지 못하고 진정한 미래의 방향을 그리지 못해 기초 학문을 등한시하고 있는 것 아닐까 싶었다. 세계 최고 수준의 인재들이 왜 자신들의 잠재된 능력을 다양한 분야에서 제대로 발휘하지 못하는 걸까.

  안타까움에서 머물면 답이 없다. 나는 대한민국이 항공우주공학과 의공학에서 최고가 되기를 바란다. 더 나아가 공학과 과학으로 만들어질 대한민국의 미래, 대한민국의 과학자가 새롭게 그려 갈 미래 과학의 흐름을 진심으로 기대한다. 그 도전의 길에 내가 조금이라도 쓸모 있는 사람이 된다면 그 영광은 이제껏 내가 누려 온 그 어떤 것보다도 귀한 것이 될 것이다. 세계에서 가장 빠르게 성장한 나라, 전자공학과 인터넷으로는 전 국민이 전문가라는 평가를 받을 만큼 뛰어난 사람들이 모여 사는 곳. 나도 그런 내 나라가 궁금했다. 그들과 함께할 내 미래가 궁금했고 우리가 만들어 낼 미래가 궁금했다.

지난 날 우리가 봐 온 공상과학영화의 많은 부분이 현실이 되었다. 인간의 상상력은 과학을 만나면 현실이 된다. 인간의 말을 알아듣는 자동차는 인공지능 자동차로 탄생했고, 휴대전화는 손 안의 PC인 스마트폰으로 업그레이드되었다. 인터넷을 기반으로 전 세계가 이웃이 되었고, 대낮처럼 밝은 밤을 만들었다. 모두 상상 속에서만 가능한 일이라고 믿었지만, 그것을 실천에 옮긴 과학자들이 있어 지금의 우리 삶이 만들어진 것이리라.

과학자는 증명을 믿는다. 나 역시 증명을 믿는다. 우리가 우주에 갈 것이라는 점, 항공우주공학을 토대로 다양한 과학적 업적이 재탄생되고 확인될 것이라는 점은 의심의 여지가 없다. 나는 이 모든 일을 증명하기 위해 연구에 연구를 거듭할 것이다.

한국행 비행기 안에서는 잠시도 쉬지 못하고 이런 저런 생각에 잠겼다. 착륙을 위해 한반도 상공을 두 바퀴 정도 돌던 비행기가 차츰 인천공항 활주로에 미끄러질 때에서야 '과거에는 이 비행기의 존재도 아무도 믿지 않았다'는 생각이 떠올라 슬그머니 입가에 미소가 그려졌다. 내 오랜 소망을 아무도 믿지 않아도 좋다. 그 놀라운 탄생을 대한민국이 이루어 낼 수 있다면 그것으로 만족한다. 과학자의 도전과 증명이 반드시 새로운 업적을 만들 수 있다고 믿는다.

1% 호기심, 꿈을 쏘는 힘

CHAPTER 2
그리 멀지 않은 미래에

'**날**고 싶은 욕망' '우주에 대한 신비'는 인류가 품고 있는 가장 큰 꿈 중 하나다. 특히 어린이들에게 하늘은 무한한 호기심과 동경의 대상이다. 이런 희망을 이루기 위해서라도 항공우주과학의 발전은 반드시 필요하다. 항공우주과학이 가까운 미래의 대한민국에 얼마나 중요한 역할을 할지에 대해 이야기하고 싶은 이유다.

항공우주과학은 여러 분야가 어우러져 있기 때문에 그 파급 효과 또한 매우 크다. 미국은 1969년에 유인 탐사선을 달에 보냈고, 1981년에 우주왕복선을 띄웠다. 2000년에는 국제우주정거장을 만들었다. 사람들은 흔히 유인 달 탐사선, 우주왕복선, 국제우주정거장 이 세 가지 결과만 보며 화제에 올리곤 한다. 그러나 이를 위해 수천, 수만 명의 연구 개발 인력이 동원되었다는 점과, 이공계의 거의 모든 학문 분야가 연계되어 협력하였다는 점은 주목하지 않는다.

　우주왕복선의 경우 수만 명의 연구 인력이 동원되고 한 번 발사할 때 5,000억 원 정도의 비용이 소요되는 국가적 사업이다. 대한민국도 우여곡절 끝에 2013년, 나로호를 성공적으로 발사했다. 이를 위해 나로우주센터가 설립되었고 항공우주연구원을 비롯한 많은 기관의 사람들이 동원되었다. 항공우주과학 같은 대형 연구가 진행된다면 다른 학문 분야도 자동적으로 같이 발전하게 된다. 우리 역시 그리 멀지 않은 미래에 항공우주공학으로부터 파생된 더 나은 미래를 꿈꿀 수 있게 될 것이다.

10년, 우주여행 시대가 열린다

　상상만 하던 우주여행이 짧게는 10년, 길게는 20년 후면 일반 대중에게도 가능한 시대가 올 것 같다. 선진국들은 이를 위해 이미 10년 전부터 NASA를 중심으로 연구를 진행하고 있다. 몇 십 년 전만 해도 비행기를 타고 미국에 간다는 것을 상상하기 어려웠던 것처럼, 얼마간의 시간이 흐르면 우주여행도 평범한 일상이 되는 날이 올 것이다. 우주의 무중력 상황에 대비한 훈련이 초등학교 체육시간의 교과과정에 포함되는 날이 올지도 모를 일이다.

　미국과 유럽은 1903년부터 비행기를 만들기 시작했고, 일본은

1940년대에 비행기 수백 대를 만들었다. 제2차 세계대전 당시 일본은 이미 항공모함 여러 척을 동원해 진주만을 공격하기도 했다. 대한민국이 순수 국내 기술로 비행기를 만들기 시작한 건 불과 10여 년 전의 일이다.

우주여행과 관련된 연구 개발에 있어서도 우리는 이미 후발 주자다. 하지만 출발이 늦었다고 골인까지 늦는 건 아니다. 지금부터라도 다음 세대를 위한 교육에 관심을 가지고 국가 차원에서도 적극적인 지원이 이뤄진다면 한국의 항공우주과학 미래는 더욱 밝아질 것이다.

항공우주공학자이면서 또 의대 교수인 나는 우주여행 시대의 개막과 동시에 필수적일 항공우주의학 분야를 한 걸음 더 발전시키고 싶은 욕심이 있다. NASA에서 10년 넘게 연구한 경험을 토대로 항공우주 분야를 키우고, 서울대 의과대학에서 펼치고 있는 의공학 분야를 개척해 대한민국 항공우주와 의공학을 함께 일으키는 데 할 수 있는 모든 일을 다할 것이다.

우주여행 시대는 곧 도래한다. 그 역사적인 사건에 대한민국의 인재들도 함께 이름을 올리는 날이 찾아오길 바란다. 비행기, 우주왕복선, 전기, 라디오 등이 그랬던 것처럼 인류사에 한 획을 긋는 업적은 우리의 작은 관심에서부터 시작하는 것이라 믿는다.

우주왕복선 연구는 왜 중요한가

1969년 닐 암스트롱이 달에 첫발을 디뎠던 순간을 기억하는 사람은 많다. 하지만 그 이후 인간은 왜 달을 정복하지 않았을까? 달 정복이 허구라는 음모론은 진실일까? 이런 어처구니없는 소문이 난무하는 상황에서 NASA 역시 다시 한 번 달 탐사선을 보내기로 결정하고 현재 연구를 진행 중이다.

현재의 우주왕복선은 1970년대에 개발한 것이기 때문에 성능이나 효율성이 떨어진다. 1990년대 초반부터 차세대 우주왕복선을 개발하려고 노력해 왔지만 개발 비용이 워낙 커서 대부분의 시간을 그냥 흘려보내야 했고, 2015년경에야 개발이 완료될 것이라고 한다.

우리는 NASA의 차세대 우주왕복선을 기다리고 있다. 우주왕복선은 인류가 우주로 떠나기 위한 목적 외에도 다양한 성과를 위해 꼭 필요하다. 단순히 왕복선을 우주로 보내는 것에서 그치는 것이 아니라 우주 공간에서 벌어지는 물리·화학·생물학적 현상을 연구하고, 인류의 새로운 보금자리를 찾는 등 이루 다 말할 수 없을 만큼 다양한 분야의 진전이 이루어진다. 이러한 중요성을 가지는 우주왕복선 연구 분야 중에서도 핵심이 되는 항법과 유도, 제어 책임자로 일했다는 것은 큰 자부심이자 기쁨이다.

전 세계 국가들이 앞다투어 우주로 나가기 위한 연구에 경주하고 있다. 새로운 항공우주공학 기술을 개발하는 것은 미래를 먹여 살릴

성장 동력이기 때문이다. 예산이 많이 들어 난항을 겪고는 있지만, 조만간 1969년의 영광이 재현되리라는 점에는 조금의 의심도 없다.

우주를 바라보는 우리의 시선은 신비로움으로 가득 차 있다. 우주의 크기는 상상을 초월한다. 우리가 발을 디디고 있는 지구는 우주에 비하면 그저 모래알 하나가 될까 말까 할 정도다. NASA는 이렇게 광활한 우주 공간 연구의 최선봉에 서 있는 연구소다. 특히 달, 화성 등을 비롯해 인류가 지구 바깥에서 살 수 있는 장소를 찾으려 노력 중이다.

NASA에서는 우주의 신비를 밝히기 위해 크게 세 가지 미션을 추진하고 있다. 첫째가 '우주 탐구(Space Exploration)', 둘째 '우주 과학(Space Science)', 마지막으로 '우주 수송(Space Transportation)'이다. 첫 번째 과제는 말 그대로 화성 탐사선 등을 통해 다른 행성의 신비를 밝히는 연구다. 두 번째는 지구 밖 우주의 과학 현상을 알아내려는 작업이고, 마지막은 우주왕복선, 즉 유인 달 탐사선과 같이 우주인을 직접 내보내 무언가를 얻으려는 프로젝트를 말한다.

우주왕복선 연구 개발의 경우 미국, 러시아, 중국, 일본 등을 비롯해 이미 전 세계 여러 나라가 경쟁적으로 뛰어들어 우주의 신비를 밝히기 위해 노력하고 있다. 대한민국도 보다 과감한 투자와 국제 협력을 통해 이 분야에 뛰어들어야 한다. 10년이 넘는 NASA에서의 경험과 풍부한 인적자원(네트워킹)을 통해 나에게도 기여할 수 있는 역할이 있기를 기대해 본다.

CHAPTER 3
당신 인생의 가장 짜릿한 순간은 '지금'

사람들은 쉽게 말한다. 인생은 단거리가 아닌 장거리 마라톤 경주라고. 하지만 정작 머리로는 이해해도 가슴으로는 수긍할 수 없는 것이 또 이 말이다. 삶의 순간순간마다 마주치는 결정의 순간, 고비의 순간에 결코 여유로운 태도를 가지기가 쉽지 않기 때문이다. 그러나 방법이 없는 것은 아니다. 바로 현재에 충실한 것이 최선이다. 현재에 충실하다 보면 결국 인생을 멀리 볼 수 있는 재료를 준비해 둘 수 있게 된다.

그러기 위해서는 삶의 매 순간이 치열하고 또 즐거워야 한다는 것이 내 원칙이다. 치열함과 즐거움이 어떻게 함께할 수 있겠느냐고 묻는다면 나는 '마라토너스 하이(marathoner's high)' 이야기를 해 주고 싶다. 마라토너스 하이는, 마라톤을 하다 보면 지극히 힘든 상태를 경험하게 되는데 이 고비를 넘기는 순간 최고의 희열을 느끼면서 다시 충만한 자신감과 힘이 생겨 계속 달릴 수 있다는 이론이다. 결승점을 통과할 때의 성취감보다 더 짜릿한 이 순간을 위해 마라토너들은 달리기를 멈추지 않는다고 한다.

나 역시 마찬가지다. 사람들은 끊임없이 도전하고 연구하는 나를 보며 "어떻게 매일 연구만 하며 사느냐"고 묻는다. 나를 반만 아는 사람들의 질문이다. 나는 절대 공부만, 연구만 하는 사람이 아니다. 노는 것도 좋아하고 운동과 음악을 누구보다 사랑한다. 좋아하는 일을 하며 인생을 즐기는 것 자체가 내 삶의 목표이자 마지막까지 가지고 있을 꿈이다. 그중에서도 새로운 일에 대한 도전은 내가 꼽는 최고의 '마라토너스 하이'다.

삶의 가치를 어디에 둘 것인가

"한국으로 돌아와 후배들을 키워 보는 건 어떤가? 그간 NASA에서 일한 노하우를 가지고 고국을 위해 애국한다는 마음으로 돌아와 줬으면 하는데."

2008년 한국으로부터 받은 전화의 내용이었다. 서울대학교 선배이자 의공학과 교수로 있는 분을 통해, 한국에 돌아와 교수로 일해 보지 않겠느냐는 제의였다. 뜻밖의 제안에 처음에는 그냥 한번 해 본 말이려니 생각하고 웃어넘겼다. 하지만 요청은 계속되었다. "이미 학교에 자네 자리를 만들어 가고 있는 중이네. 우리도 이제 최고가 되어야 하지 않겠나. 모교와 국가를 위한 일이라고 생각하고 봉사하는 마음으로 돌아와 주길 기대하네."

선배의 끈질긴 제안은 계속 이어졌다. '대한민국의 공학 발전을 위해 내가?' 우선 그 거창함에 선뜻 나설 수가 없었다. 현실적으로도 다시 한국에 돌아간다는 생각을 해 본 적이 없어 혼란스럽기만 했다. 하지만 NASA에서 일하면서도 늘 '한국에도 이런 시설과 인재들이 있다면 얼마나 좋을까' 하고 부러워했던 것이 사실이다. 그러니 기회가 될 수도 있었다. 미약하나마 내가 익힌 모든 노하우와 연구 개발 아이디어를 고국에서, 그것도 대한민국 최고라 하는 모교 서울대학교에서 이룰 수 있다면 그보다 영광스러운 헌신이 어디 있겠는가.

차츰 마음이 한국행으로 기울기 시작할 즈음, 현실적인 문제에 봉착했다. NASA에는 '정년'이라는 개념이 거의 없다. 언제든 자신이 다니고 싶을 때까지 다니면서 연구를 계속할 수도 있고 후배들을 키울 수도 있기 때문이다. 하지만 대한민국에서는 65세 이전에 은퇴하는 것이 일반적이다. 은퇴 이후에는 여행을 다니며 편히 노후를 보낼 수도 있겠지만, 나는 죽을 때까지 연구를 게을리하고 싶지 않았다.

가족들의 반대도 만만치 않았다. 대학 입시를 앞둔 아들을 두고 아빠가 한국으로 돌아간다는 것 자체가 가족들로서는 이해할 수 없는 선택이었을 것이다. 아내 역시 고향땅 한국으로 돌아간다는 것

외에는 별다른 장점이 없음에도 불구하고 안정적인 직업과 환경을 버리고 모교로 돌아간다는 남편을 이해하지 못하는 것 같았다.

미련이냐 미래냐를 선택하라

이런저런 고민이 많던 어느 날, 평소보다 아침 일찍 눈이 떠졌다. 창밖을 바라보니 한줄기 예쁜 새벽 햇살이 창가에 드리워져 있었다. 순간 나는 그 행복감을 도저히 감당할 수 없었다. 이만큼의 행복을 누리는 사람이라면 다른 이들에게도 무언가를 해 주어야 하지 않겠는가 하는 마음이 들었다. 이것이 바로 행복 바이러스의 정체인 듯했다. 내가 무언가를 다시 한다면, 그것이 무엇이고 어디에서가 되었든 더 잘하고 더 행복할 수 있을 것 같았다.

'세계 최고의 직장인 NASA와 우리나라 최고의 지성이라고 불리는 서울대를 두고 고민하게 되다니, 이보다 더 행복한 고민을 해 본 사람이 또 있을까? 그래, 해 보자! 고국을 위해 내 모든 것을 한번 바쳐 보자. 하고 싶어도 못하는 사람들도 있는데, 해 보고 후회해도 늦지 않다.'

가슴 한복판에서 뜨거운 불덩이가 끓어오르는 것만 같았다. 그 길로 한국에 전화를 걸어 '우선 한 학기만 지내 보겠다'고 조심스레 결심을 밝혔다. NASA 측에도 미리 통보를 해 후임 문제나 진행 중인 프로젝트에 문제가 생기지 않도록 준비했다.

귀국을 준비하는 내내 NASA에서는 언제든 돌아오고 싶을 때 돌아오라며 자리를 비워 두겠다고 말했다. 그 사이 한국에서는 하루라도 빨리 들어와 함께 일하자며 일사천리로 임용 준비에 박차를 가했다. '언제든 돌아오라'는 사람들과 '어서 빨리 오라'는 사람들. 적어도 인생을 허투루 살진 않았구나 하는 생각에 그저 감격스럽기만 했다.

한 학기 정도의 일정만 생각하고 옷 몇 가지만 챙겨 한국행 비행기에 몸을 실었다. 그렇게 시작한 한 학기가 1년이 됐고 또 4년을 향해 가고 있다. 아들이 대학에 들어간 후 아내까지 한국으로 들어올 때 비로소 NASA에 사직서를 냈다. 미국의 거대 항공우주과학 프로젝트, 인류를 우주로 보내고 돌아오게 하는 우주왕복선 제작의 책임을 맡은 책임연구원의 자리를 포기하는 데 인간적 미련이 없었다면 거짓말일 것이다.

그러나 미련보다 소중한 것, 미련과는 비교할 수 없는 가치가 미래다. 나는 새로운 미래에 도전하기로 택했고 그 도전은 바로 이곳 한국 땅, 내 제자들과 함께할 대한민국 의공학의 새로운 내일을 위한 것이었다.

CHAPTER 4
도전의 시작은 호기심이다

누구나 생을 통틀어 절대 잊히지 않는 날이 있을 것이다. 결혼 기념일이거나 아이가 태어난 날, 혹은 부모님과 사별한 날이 될 수도 있을 터다. 2000년 10월 23일. 누군가 내게 '당신 생에서 잊을 수 없는 날'이나 '가장 빛났던 순간'이 언제인지 묻는다면, 지체 없이 이날을 꼽을 것이다. 어린 시절부터 늘 마음에 품었던 꿈이 비로소 실현된 날이기 때문이다.

이날은 바로 내가 NASA로 처음 출근한 날이었다. 전날부터 설레던 마음을 진정시키지 못한 채 아침 일찍부터 잠이 깼다. 들뜬 마음에 안경을 몇 번씩 고쳐 쓰고 거울을 몇 번이고 들여다봤다. 오디션을 준비하는 무명 배우라도 된 양 미소까지 지어 보며 어색하진 않은지, 촌스럽진 않은지를 살폈다. '살면서 이런 고민은 또 처음'이란 생각에 이르자 괜히 머쓱해져 웃음이 터졌던 기억도 생생하다.

거리에 나서자 지나치는 모든 사람들이 행복해 보였다. 화창한 날씨와 신선한 공기도 내 첫 출발을 축하해 주는 듯했다. 이윽고 연구소 정문에 걸린 NASA의 현판을 보자 비로소 실감이 나기 시작했다. NASA 로고가 반듯하게 걸려 있는 본관 로비에 들어서자 발자국 소리가 귓전을 울렸다. 뚜벅뚜벅 한 걸음을 내디딜 때마다, 귓가에 울리는 소리가 마치 애국가처럼 웅장하게 느껴졌다. 점점 감정이 북받쳐 왔다. 심장이 발걸음 소리와 박자를 맞추듯 요동쳤다. 느슨히 풀려 있던 손에는 어느새 힘이 들어가기 시작했다.

미국 드라마 "600만 불의 사나이"와 아폴로 11호의 달 착륙을 보며 가슴 벅차했던 NASA 키즈, 아시아의 작은 나라에서 온 이름 없는 공학자가 드디어 TV로만 보던 그곳에, 어린 시절의 꿈이었던 그곳에 서 있었다.

내 인생의 새로운 날은 그렇게 시작됐다.

부뚜막에 올라가는 고양이가 되라

"펑!" "으악!" "우당탕탕."

고막을 울리는 커다란 폭발음과 동시에 따끔한 전류가 손끝을 타고 흘렀다. 작은 전파사 안쪽은 순식간에 하얀 연기로 가득 차 버렸다. 내 손에 들려 있던 타다 만 필라멘트 전선 두 개와 소스라치게 놀란 어머니와 형, 전파사 주인의 얼굴이 차례대로 눈에 들어왔다. 눈앞에 벌어진 일들에 나 역시 놀라긴 마찬가지였지만, 사고를 일으킨 당사자로선 일단 마른침만 꼴깍거릴 수밖에 없었다. 불과 10분 전, 어머니와 형이 전파사 주인과 대화를 나누는 동안 아주 잠깐 만져 본다는 것이 그만 불꽃이 튀는 대형사고로 이어지고 만 것이다.

집으로 돌아가는 내내 어머니 눈치를 살폈다. 머릿속에는 '나는 이제 죽었다' 하는 생각이 가득했다. 회초리 맞을 생각에 괜스레 종아리가 얼얼해지는 기분까지 들었다. 집에 돌아와서는 한 대라도 덜 맞을 요량으로 어머니 뒤를 졸졸 따라다녔다. 그런데 집에 도착한 어머니는 "씻고 숙제하고 자라. 그리고 다음부터는 조심해라"라는 말뿐이었다. 안도의 한숨이 새어나왔다. 긴장이 사라지자 이내 숨어 있던 궁금증이 얼굴을 내밀기 시작했다. '아까 그 회로는 도대체 왜 터졌을까?' 지금 생각해 보면 전선 자체를 거꾸로 연결했던 것이 원인 같지만, 초등학교 2학년으로선 도저히 풀 수 없는 수수께끼임이 분명했다.

그 뒤로도 나는 자잘한 사건사고를 무던히도 몰고 다녔다. 다 그놈의 호기심이 부추긴 탓이다. 초등학교 5학년 여름방학 즈음에는 뉴스에 등장할 만한 사건을 일으키기도 했다. 당시 아버지는 동해안 전방 부대의 연대장으로 근무 중이었는데 한번은 아버지를 따라 부대 근처에 간 적이 있다. 그때 나는 지뢰밭이라는 것을 처음 보게 되었다. 북한군의 침입을 막기 위해 온통 지뢰를 심어 놓았다는 것이다.

영화 속에서나 봤던 지뢰가 눈앞에 묻혀 있다는 말을 듣고 나의 위험한(?) 호기심이 꿈틀꿈틀댔다. 처음에는 지뢰를 눈으로 본다는 것 자체가 신기했지만, 정말 지뢰가 터지는지 터지면 어떻게 되는지 궁금해 미칠 것 같았다. 지뢰가 터지지 않으면 내 가슴이 터질 것 같아 이번에도 즉각 행동에 나섰다. 어른들이 미처 말릴 틈도 없이 돌멩이를 주워 냅다 지뢰밭으로 던졌다. 돌멩이가 지뢰밭으로 날아가는 순간에야 걱정이 되었다. '진짜로 터지면 어쩌지?' 심장이 방망이질 치며 찰나의 순간이 몇 시간처럼 길게 느껴졌다. 천만다행으로 돌멩이는 지뢰와 지뢰 사이로 떨어져 대형 사고는 일어나지 않았다. 실제 지뢰가 터졌다면 아버지가 군복을 벗어야 하는 것은 물론 인명 피해가 났을지도 모를 큰 사고로 이어졌을 것이다.

철모를 쓴 군인들이 놀라서 쫓아오고 헌병 마크를 단 지프가 달려오는 상황을 수습한 뒤에도 아버지는 장난꾸러기 아들을 혼내지 않았다. 다만 "무엇 때문에 돌을 던졌느냐" "궁금증은 풀렸느냐" "이런 장난은 위험하니 앞으로는 하지 마라" 단 세 마디뿐이었다. 전파사 사건 때의 어머니 반응과 판박이였다.

사실 정도의 차이만 있을 뿐 자라면서 크고 작은 사고는 누구라도 치게 된다. 아이가 사고를 친 뒤 부모가 보이는 반응은 아이의 미래를 결정하는 중요한 열쇠가 된다. 지나치게 얌전만 강요하다가는 아이가 호기심도, 창의력도 펼쳐 보지 못한 채 그저 조심스러운 인생을 살아가게 될지 모른다. 나는 내 부모가 나에게 그랬던 것처럼 내 아이도 마음껏 궁금해하며 자라게 했다. 얌전한 고양이가 되기보다는 부뚜막에 올라 솥단지의 밥에 발을 담가 보는 모험을 하게 했다. 호기심이야말로 창의의 시작이며 경험 없는 지식은 죽은 지식임을 믿기 때문이다.

호기심을 살리는 말, 사형선고를 내리는 말

호기심은 아이가 가질 수 있는 최고의 재능이다. 그런데 한국에 돌아와 식당이나 공공장소에 갈 때면 의외의 모습을 발견하곤 한다. 부모가 아이들의 행동을 지나치게 제지하는 것이다. 물론 공공예절에 대한 얘기가 아니다. 한번은 어린아이가 뜨거운 국그릇이 식탁 위를 주르륵 움직이는 것을 보며 "아빠, 국그릇이 움직여. 왜 그런 거야? 국그릇이 살아 있나 봐"라고 했다. 그러자 젊은 아빠는 짜증 섞인 표정으로 "시끄러워, 얌전히 앉아 있어"라고 하는 것 아닌가.

모든 부모가 과학적 지식을 갖출 수는 없다. 하지만 적어도 함께 이유를 찾아보는 노력을 하거나, 아이 스스로 답을 찾는 기회를 주는 것이 부모 역할이다. 대한민국은 전 국민의 반 이상이 스마트폰을 사용하고 있는 IT 강국이다. 앉은 자리에서 간단한 검색 한 번이면 이런 호기심을 풀 수 있는 방법이 무궁무진하게 쏟아진다. 비슷한 사례를 찾아 이야기를 나눌 수도 있고, 집에서 같은 실험을 직접 해 볼 수도 있다. 호기심을 풀어 줄 수 없다면 적어도 호기심의 싹을 잘라 버리는 사형선고는 내리지 말아야 한다는 뜻이다.

반대로 미국에서의 일이다. 레스토랑에서 식사하는데 옆 테이블에 앉은 가족 중 다섯 살 정도 된 아이가 "아빠, 이렇게 맛있는 스테이크 소스는 뭐로 만드는 거야?"라고 물었다. 아빠는 "이따 집에 가서 우리도 이런 맛이 나는 스테이크 소스를 만들어 볼까?"라고 답했고, 아이는 그 자리에서 뛸 듯이 기뻐하며 소스의 맛을 기억하려는 듯 음미에 음미를 더하며 식사를 했다. 이런 모습이 바로 호기심에 불을 붙이는 과정이다. 불이 붙은 호기심과 재까지 식어 버린 호기심, 이 두 가지 중 어느 것이 아이의 창의력을 키워 줄 수 있을까? 말하지 않아도 답이 나올 것이다.

Part 2
점화

추진력은 마지막 1%에서 나온다

IGNITION

🚀 **CHAPTER 1**

어린 시절의 '영웅'이 미래를 결정한다

"**뚜**두두두두…. 나는 한국의 성완 오스틴이다. 미국 CIA가 내 두 다리와 오른팔, 한쪽 눈을 로봇으로 만들었다. 나는 600만 불의 사나이다."

  초등학교 시절 나는 만화와 공상과학영화, 드라마를 즐겨 보는 꼬마였다. 당시 한국에 들어온 외화 중 대부분이 미국의 공상과학 드라마였는데, 상상을 초월할 정도로 그 인기가 폭발적이었다. 모두 과학과 밀접한 관계가 있는 드라마들로, 주인공들 역시 초능력에 가까운 힘을 지니고 있었다. 어린 시절 나는 미국에는 600만 불의 사나이도, 소머즈도, 원더우먼도, 키트("전격 Z작전"의 인공지능 자동차)도 정말로 존재한다고 믿었다.

  특히 "600만 불의 사나이"와 "소머즈"를 광적으로 좋아했는데 친구들과 모이면 누가 먼저랄 것도 없이 서로가 스티브 오스틴이라고 우기곤 했다. 천하무적 팔다리라니, 지금 생각해도 너무나 멋진 상상 아닌가. 어른이 되면 반드시 600만 불의 사나이를 만들겠다는 다짐을 하며 의공학이 무엇인지도 모르던 시절부터 의공학에 대한 꿈을 서서히 키워 갔다.

"600만 불의 사나이"에 열광해도 좋은 이유

의공학이란 한마디로 공학의 여러 분야가 의학에 응용되는 것을 말한다. 기계적인 도움을 받아 신체의 한계를 극복하게 해 주는 것이 의공학의 가장 큰 미덕이다.

의공학을 기반으로 한 드라마인 "600만 불의 사나이"와 "소머즈"에는 특히 NASA에 대한 언급이 자주 나왔다. 처음에는 NASA가 뭔지도 몰랐지만, 주인공을 만들어 내고 그들이 새로운 임무를 수행할 때면 찾아가는 연구실이 NASA라는 것을 안 후로는 그곳에 대한 관심이 급증했다. '저곳에서 600만 불의 사나이를 만들 수 있구나. 나도 크면 반드시 NASA에 가야지.' 주인공이 어떻게 탄생했는지 알게 되자, 주인공보다 그런 영웅을 만들어 낸 과학자들에게 경외심이 생기기 시작했다. 그때부터 친구들에게 과감하게 주인공 자리를 내주고 나는 '김 박사'로 불리며 친구들의 팔다리를 만들어 주었다.

다시 드라마 이야기로 돌아가 보자. "600만 불의 사나이"는 NASA의 우주비행사였던 주인공인 스티브가 불의의 사고를 당한 이후 NASA의 기술로 인조인간이 된다는 설정이었다. 외국 스파이(당시에는 대부분 공산국가 스파이였지만), 외계생물체, 미치광이 과학자 등을 상대하는 주인공의 모습은 그야말로 어린 시절의 나에게는 영웅 그 자체였다. 나는 '내 인생이 NASA와 필연적으로 이어져 있는 것 아닐까' 하는 엉뚱한 상상을 하면서 어린 시절을 보냈다. 필연이라는 말 자체가 우습기는 하지만, 당시 꼬맹이였던 나는 마치 NASA가 나를 부르기 위해 자꾸 나타나는 것이라고 생각했다. 학교 도서관에서 우연히 우주 연구에 관한 책을 발견하거나, 무심코 TV 채널을 돌리다가 스티브 오스틴이 NASA 연구소로 들어가는 장면이 나올 때, 나는 이 모든 것이 '필연'이라고 굳게 믿었다.

그리고 1969년 어느 여름 밤, 여덟 살의 나는 마침내 인조인간이 아닌 살아 있는 인간이 최초로 우주에 걸음을 내딛는 모습을 마주했다. 닐 암스트롱이 달 표면에 발을 내딛는 순간, 중계 아나운서의 영어 멘트는 무슨 말인지 알아들을 수 없었지만 그의 감격만큼은 고스란히 전해졌다.

새벽 세 시가 가까운 시간임에도 불구하고 우리 가족 모두 조그만 흑백 TV 앞에 앉아 졸린 눈을 비벼 가며 흥분했던 기억이 또렷하다. 우주인의 손에 들린 성조기와 광활한 우주, 사뿐사뿐 떠다니는 걸음걸이 등 눈으로 보면서도 믿을 수 없는 광경이 연이어 펼쳐졌다. 과학에 관심이 많고 의젓했던 형조차 "우와, 정말 대단해!"를 반복하며 흥분할 정도였으니까.

당시 우리 가족 누구도, 속옷 바람으로 졸린 눈을 비비며 TV 앞에 앉아 있던 막내가 20여 년이 지나 항공우주 분야에서 일하게 되리란 사실을 몰랐을 것이다. 600만 불의 사나이에게 열광하던 꼬마와 가족들은 그날 그렇게 흑백 TV 앞에서 감탄을 연발하며 꼬박 밤을 새웠다.

열정과 끈기를 부르는 엉뚱함의 힘

스티브 오스틴과 소머즈에 빠져 있다 보니 당시 나와 내 친구들은 골목길에서 놀 때마다 "나도 초능력이 있다"며 서로 떠벌리곤 했다. 특히 단골로 등장했던 능력은 어떤 소리도 들을 수 있는 놀라운 청력이었다. 건물을 뚫고 바깥을 보는 능력, 열차 선로를 접어 버리는 괴력은 보여 줄 수 없지만 듣는 것만큼은 '내가 들었다'고 우기고 대충 넘어갈 수 있으니, 그럴 만도 했다.

친구들이 자신도 들었다는 소리는 우습게도 '개미가 지나가는 소리' '바람에 먼지가 날리는 소리' '천 리 밖에서 기차가 지나가는 소리' '교무실에서 선생님이 하품하는 소리' 같은 허무맹랑한 것들이었다. 어른들 눈에는 황당 그 자체였겠지만. 그러나 아이들의 이런 황당한 상상이 과학을 만나 '발견'과 '발명'으로 이어지게 마련이다. 나 역시 자라면서 600만 불의 사나이와 소머즈의 초능력 귀에 대해 여러 가지 자료를 찾아보며 과학에 흥미를 붙이게 됐으니 말이다.

소머즈 귀의 비밀을 들여다보면 소리를 수집하는 그의 달팽이관 자체가 과학의 산물이었다. 인간의 것과는 다른 그만의 달팽이관이 아주 미세한 소리까지 잡아낼 수 있었기에, 보통 사람들은 들을 수 없는 소리를 정확히 파악해 냈던 것이다. 얼마 전 미국 록펠러대학의 제임스 허드스페스 교수 팀은 "달팽이관에 있는 프레스틴이라는 단백질의 활동을 막자, 소리를 증폭하는 귀의 기능이 떨어지는 현상을 발견했다"고 발표했다. 과학자들은 이렇게 조금씩 삶 속에 숨어 있는 과학적 원리를 찾아 나선다. 이유는 하나다. 삶의 불편함을 조금씩 개선하고자 노력하는 것이다.

그의 논문을 살펴보던 나는 엉뚱하게도 '제임스 허드스페스 교수 역시 600만 불의 사나이와 소머즈를 보고 자란 것은 아닐까' 하는 궁금증이 일었다. 옛날 우리네 어머니들은 미래를 내다볼 수 있는 공상과학영화나 드라마에 대해 굉장히 관대한 편이었다. 과학이라는 단어가 공부와 밀접하다고 생각했기 때문이다. 요즘 젊은 엄마들은 그런 잔꾀(?)에 넘어가지 않으니 TV나 영화에 조금은 인색한 것 같다. 하지만 이런 영상들은 미래를 미리 살펴볼 수 있는 실마리를 제공해 줌과 동시에 아이들의 상상력에도 날개를 달아 준다. 아이의 미래를 위해 황당한 이야기에도 귀를 기울이는 재밌는 부모가 되어 보는 것은 어떨까.

　대학교 4학년 전자공학과 졸업여행도 잊지 못할 사건이다. 타고 갔던 버스가 논둑으로 굴러 떨어진 것이다. 장마로 질척해진 논둑에 무리하게 진입한 결과였다. 다행히 다친 사람은 없었지만 문제는 논두렁에 처박힌 버스였다.

　대한민국 최고의 수재라고 불리던 서울대학교 공대생들은 그런 명성(?)에 걸맞게 발만 동동거리지 않고 버스 밖으로 나와 어떻게 하면 효과적으로 버스를 빼낼 수 있을지 고민하기 시작했다. '나무를 구해 지렛대로 이용해 보자' '밧줄로 버스 앞을 묶어 도르래로 꺼내 보자' 등 별의별 아이디어가 쏟아져 나왔다. 결국 견인차가 와서 버스를 꺼냈지만…. 옹기종기 모여 앉아 지렛대의 원리며 마찰력이며 계산해 대는 녀석들을 멍하니 바라보던 기사 아저씨의 표정은 지금도 회자되는 추억 중 하나다.

　엉뚱한 녀석들이 엉뚱한 꿈을 꾸고 그 엉뚱한 꿈이 현실이 되어가는 과정. 그것이 바로 인간을 위한 과학이 발전하는 모습이다. 쉰이 넘은 지금도 궁금한 점이 생기면 20대 제자건 10대 조카건 망설임 없이 질문하고 답을 찾곤 한다. 어린 시절 유별났던 호기심에 제동을 걸기보다 원 없이 호기심을 해결할 수 있는 환경에서 자란 덕분일 것이다.

　궁금증이 생기면 그냥 내버려 두지 못하고 해답을 얻기 위해 바로 연구에 돌입하는 태도는 과학자에게는 큰 도움이 된다. 공상과학 역시 더 멋진, 더 편한, 더 나은 미래를 꿈꾸는 호기심에서 시작했을 것이다. 호기심에 머무르지 않고 연구하기 시작한 여느 과학자가 있었기에 지금의 우리가 있게 된 것이다. 혹 아직 꿈꾸는 만큼의 성과를 내지 못했더라도 그 모든 연구 과정이 미래로 나아가는 한 계단을 놓은 것은 분명하다.

1998년 즈음 미국 보잉 연구소에 재직할 때의 일이다. 동료와 연구 방향을 상의하던 중 내가 "Let's do this way(이렇게 해 보자)"라고 하자 동료는 "OK, time will tell the truth(좋아, 일을 진행하다 보면 진실이 드러날 거야)"라고 답했다. "Time will tell the truth." 지금까지도 이 말은 내 뇌리에 박혀 있다. 대학원생들에게 "이렇게 해 봅시다"라고 하면서 늘 "Time will tell the truth"라는 말을 덧붙인다. 이것저것 재고 계산하느라 시간을 허비하는 대신, 조금은 무모하고 가능성이 없어 보이더라도 과감하게 승부하려는 자세를 강조하는 것이다. 주체할 수 없는 호기심으로 늘 말썽을 일으켰던 것이 과학자가 되기 위한 당연한 삶의 자세였는지도 모르겠다.

책 한 권을 읽어도, 꼬리에 꼬리를 무는 호기심 때문에 다른 책들을 찾고 뒤지느라 한 권으로 쉽사리 끝나는 일이 없다. 요즘 청소년들은 '독서이력제'라는 것을 한다는데, 이것이 바로 독서이력제의 기본이 아닐까 싶다. 한 권의 책을 통해 새로운 질문을 갖고, 그 질문을 해결하기 위해 또 다른 책을 찾아 읽는 과정. 그리고 이를 통해 호기심을 해결하는 것이야말로 진정한 독서이력제의 기틀이 된다고 생각한다.

　최근 들어 대학원 입학 면접에 '당신이 요즘 가장 궁금해하는 것은 무엇입니까?' '궁금했던 그 일을 어떤 방법으로 해결했습니까?' 같은 다소 엉뚱한 질문이 등장한다. 모두 평소 호기심의 해결 과정을 확인하려는 질문들이다. 호기심과 이를 해결하는 과정은 바로 그 사람의 창의력을 평가하는 기준이 되기 때문이다. 사실 호기심을 해결하기 위해서는 끈기와 성실함이 필요하다. 누군가를 알고 이해하는 데 '평소 호기심을 풀려는 의지'를 평가하는 것만큼 괜찮은 방법도 없다고 생각한다.

CHAPTER 2
무엇보다 중요한 것은 원칙이다

나는 삼남매 중 막내다. 어머니는 내 위로 형과 누나를 키우며 이미 이런저런 육아 철학과 노하우를 익힌 상태였다. 어머니는 어릴 때부터 내게 특별히 무언가를 강요하는 일이 없었지만 유일한 예외가 학교 공부와 숙제였다. 일제시대와 6·25를 모두 겪은 부모 세대는 '공부를 잘하는 것이 유일한 출세 길'이라 믿었다. 그래서인지 우리 부모님도 자식들의 공부 뒷바라지만큼은 어떻게든 감당하려 했다. 특히 학교 공부의 중요성에 대해서는 유독 확고한 신념을 갖고 있었다. 과외 받는 친구들을 보며 호기심 반 부러움 반으로 이야기를 꺼내려고 하면 단칼에 "학교 공부만 한 공부는 없다"는 답이 돌아오곤 했다. 학교는 인생의 원칙을 가르쳐 주는 곳이라는 믿음이 확고한 분들이었다.

초등학교에 입학한 후로는 "공부해, 숙제해"라는 말 대신, "책가방 가져와라"라는 말이 어머니가 가장 많이 한 말이었다. 그날그날의 숙제를 검사하고, 다음 날 준비물이나 학습 교과를 확인하기 위해서였다. 어머니의 도움으로 숙제와 준비물을 꼼꼼히 챙긴 덕분에 초등학교 저학년 남자아이치고는 꽤나 준비성 있는 생활을 할 수 있었다.

학교, 인생을 달리게 하는 시동 장치

부모님은 전적으로 우리 삼남매에게 공부를 맡겼다. 하지만 학습지나 숙제는 수시로 점검하곤 했다. 덕분에 초·중·고 12년간 숙제를 안 해 간 적은 거의 없었고, 학습지를 밀렸던 적조차 없다. 어린 시절부터 잡아 온 이런 생활 습관은 책임감이나 성실함 같은 가장 기초적인 삶의 자세들을 배우는 데 영향을 미쳤다. 아무리 아파도 학교에는 반드시 가야 한다는 원칙도 절대적으로 지켜야 했다. 평소에는 한없이 자상하고 다정한 분이었지만, 학교에 관련된 부분만큼은 조금의 타협도 없었다.

아버지 역시 학교 공부가 어린 시절의 최고의 가치라고 늘 강조했다. 아울러 아버지는 몸이 건강해야 공부도 잘할 수 있다고도 했다. 직업 군인이었던 아버지는 대령으로 예편 후 테니스 코트를 운영하였는데, 나는 그때 시작한 테니스가 그렇게 재미있을 수가 없었다.

숙제와 공부 시간을 제외하고는 하루 종일 테니스만 칠 정도로 빠져들게 되었다. 실력도 크게 늘었다. 테니스 특기생으로 입학하라는 중학교가 나설 정도의 수준이 됐다.

테니스가 마냥 좋던 시절이었다. 급기야는 프로 테니스 선수가 되는 것이 인생의 목표가 되었다. 지미 코너스, 비외른 보리 같은 윔블던 챔피언들이 초특급 스타로 불리던 시절이었다. 나는 아버지의 환영과 격려를 기대하며, 특기생으로 테니스를 계속하겠다고 말씀드렸다. 놀랍게도 아버지는 단호하게 반대했다. "처음부터 테니스를 목표로 했던 것도 아니고, 잠시 재미에 빠져 테니스가 좋은 것일 텐데 이것을 직업으로 하겠다는 것은 반대다. 테니스는 그냥 취미로 삼고 우선은 공부에 집중하며 정말로 좋아하는 일을 찾도록 해 봐라."

의외였다. 누구보다 운동을 좋아하는 분이었기 때문이다. 더구나 다른 종목도 아니고 형과 함께 삼부자가 늘 즐기던 테니스로 특기생이 되겠다는데 말이다. 언제나처럼 아들의 의견을 존중해 줄 것으로 알았는데, 이날 아버지는 처음으로 내 의견에 브레이크를 걸었다. 그러나 지금 생각하면 아버지의 반대는 내 삶의 가치와 목표를 다시 생각하게 하는, 그래서 빠르게 다른 삶을 계획하게 해 준 도구였다. 그런 의미에서 브레이크가 아닌 액셀러레이터였다.

당시 아버지와 형과 나는 거의 매일 테니스라는 매개체를 통해 공통의 대화 소재와 각별한 유대관계를 쌓았다. 운동을 마치고 돌아오는 길에 아버지가 사 주던 군고구마의 맛은 쉰이 넘은 지금까지도 내 인생 최고의 맛이라고 느낄 만큼 그때의 추억이 아름답다. 지금도 이러하니, 당시 어린 내가 느낀 행복감은 어마어마했을 것이다. 그 탓에 진로에 대한 깊은 고민 없이 즉흥적인 생각을 끌어냈던 것임을 얼마 후 깨달을 수 있었다.

부모, 살아갈 길을 안내하는 방향키

고2 때는 목회자의 길을 고민한 적도 있다. 교회 청소년부 활동을 열심히 하면서 자연히 신앙에 대한 관심이 커졌다. 나는 신학대학에 진학해 본격적으로 신학을 공부해 보고 싶다는 생각이 들었다. 하지만 아버지는 이번에도 현실적인 이야기를 들려주며 아들의 진로 설정에 방향을 잡아 주었다.

"신앙에 대한 깊은 관심과 신학을 배우려는 자세는 기특하지만, 네가 정말로 평생을 바쳐 남을 위해 봉사하고 헌신할 준비가 되어 있는지 스스로에게 한번 물어본 후 결정했으면 좋겠다. 성직자들의 희생은 그 크기부터가 다르단다."

아버지의 이야기를 듣자 덜컥 겁부터 났다. 나는 막연히 목회자의 길을 가고 싶다고만 생각했지, 평생에 걸쳐 하나님과 이웃을 위해 희생하겠다는 생각까지는 하지 못했던 것이었다. 그때 아버지가 묵묵히 고개를 끄덕이며 "그래, 네 꿈을 응원하마"라고 했다면, 지금쯤 어떻게 되있을까? 정말 목회자가 됐을까? 신학대학을 다니다 다시 공학도가 되진 않았을까? 이런저런 생각을 해 보지만, 결국에는 공학도가 되었을 것이라는 결론은 매번 같다.

청소년기라면 누구나 진로를 놓고 고민하고 갈등하게 마련이다. 이때 부모는 자녀의 계획을 무조건적으로 응원하기보다는, 아이 스스로가 자신의 길을 발견할 수 있도록 현실적으로 조언해 주는 것이 중요하다. 또 내가 목회자가 되겠다고 했을 때 아버지께서 강압적으로 반대했다면 어땠을까. 반항심이 생겼을 수도 있고, 과학자의 길을 걸으면서도 마음 한구석에 목회자에 대한 아쉬움을 지닌 채 2% 부족한 삶을 살고 있을지도 모른다. 아이의 생각이 때로는 허무맹랑하고 잘못된 판단이라는 확신이 들 때도 있다. 그렇다고 그런 생각 자체를 비난하거나 원천적으로 저지하는 것은 좋지 않다. 이럴 경우, 아이의 반항이나 자존감 상실이라는 부작용이 부메랑처럼 돌아오기 쉽다. 나의 아버지처럼 아이가 놓친 논리적 근거를 찾아 설명해 주는 것, 그것이 부모의 역할이다.

CHAPTER 3

부모와 자녀는
평행이론으로 통한다

"**김** 박사님, 자녀가 어떻게 되세요?"
"아들 하나 있습니다. 개성 넘치고 재밌는 녀석이죠. 이름이 뭔 줄 아세요?"
"글쎄요. 독특한 이름일 것 같은데요?"
"마루칩니다. 김마루치."
"네? 태권동자 마루치요?"
"네, 마루치입니다."

아들에 대한 이야기가 나오면 으레 오고가는 대화들이다. 그렇다. 내 아들 이름은 마루치다.

내가 중학생 때 가장 인기 있는 만화영화는 "태권동자 마루치"였다. 악의 무리가 나타났다 하면 태권동자 마루치가 온갖 태권도 품세로 적들을 척척 물리쳤다. 그 모습을 보며 '나중에 커서 아들을 낳으면 이름을 마루치라 짓겠다'며 우스꽝스러운 결심을 했더랬다. 하지만 실제로 마루치는 깊은 뜻을 지닌 이름이다. 산마루에서의 '마루'와 사람을 가리키는 '치'가 합쳐져 '산사람' 또는 '산 정상에 우뚝 선 사람'이라는 의미를 지니고 있다. 아들 역시 자기 분야에서 가장 우뚝 선 사람이 되었으면 하는 바람에서 마루치라는 이름을 지어 주었다.

아버지와 함께하라, 아버지에게 물으라

아들이 어릴 때부터 나는 방 하나를 공부방으로 만들어 내 책상과 아들의 책상을 나란히 뒀다. 저녁식사가 끝나면 우리 둘은 각자의 자리에 앉아 자기 할 일을 묵묵히 했다. 어려서부터 습관을 들여서인지 마루치도 아빠와 함께 앉아 공부하고 책 읽는 것에 별다른 거부감이 없다. 마루치는 종종 공부하다 모르는 것이 있으면 나에게 물어보곤 했는데, 다행히도 내가 거의 답해 줄 수 있는 질문들이었다. 만약 나도 모르는 문제면 인터넷이나 백과사전 등을 함께 찾아보거나 따로 체크해 뒀다. 아이에게는 "내일 학교에서 배워 와 아빠에게도 가르쳐 달라"고 말하는 것도 좋은 방법이다. 모르는데 아는 척을 한다거나 짜증을 내며 직접 풀라고 하는 방법보다 훨씬 효과적이다.

　미국에서 대학을 다니는 아들은 지금도 모르는 문제가 생기면 이메일로 묻곤 한다. 장성한 아들이 계속해서 부모에게 무언가를 물어보는 모습을 보며 부러워하는 사람들이 많다. 아이들이 장성하면 대부분 부모에게 더 이상 질문하지 않는다. 부모보다 더 많은 것을 배우고 빨리 습득하기 때문이다. 하지만 청소년기부터 아이에게 강한 신뢰감을 준다면 장성한 후에도 어려운 문제가 닥칠 때 부모에게 논의하고 질문하는 일을 멈추지 않는다. 아이가 나에게 질문했을 때, 또 그 질문에 내가 답해 줄 때 나는 늘 감사함을 느낀다.

　일상의 소소한 문제도 마찬가지다. 나는 아들에게 뭔가 어려운 일이 생긴 것 같으면 다른 주제로 수다를 떨기 시작한다. 서로 이런저런 의견을 주고받으며 대화하다 보면 아들은 마음에 담아 두었던 문제를 자연스럽게 털어놓는다. 다 큰 자녀에게 직접적으로 내 의견을 전달하는 것이 잔소리처럼 느껴질 수 있기 때문에 우회적으로 접근하는 것이다.

　가족 간의 대화는 일종의 융합이다. 자신의 의견을 내기 위해 생각을 정리하게 되고, 토론을 통해 서로의 지혜를 모아 제 3의 결론을 도출하기 때문이다. 덕분에 나는 수다쟁이 아빠가 되었지만, 아들이 미국 학교의 토론 수업에 자연스럽게 적응할 수 있었던 것이 자연스러운 가족 간의 대화 덕분이었다고 이야기할 때면 자부심을 느낀다. 물론 아버지로서 용납할 수 없는 부분에 대해서는 단호하게 이야기한다. 나의 아버지가 그러하였듯 말이다.

내가 아들을 교육하는 방법도 무조건 '함께하기'다. 어린 시절 아버지와 함께 테니스를 쳤던 기억은 내 인생에서 가장 아름다운 추억 중 하나다. 내가 어릴 때 아버지에게 테니스를 배운 것처럼 나도 아들에게 테니스를 가르쳐 보기로 했다. 아이에게도 그런 아름다운 추억을 남겨 주고 싶었다. 마루치가 테니스 라켓을 들 수 있을 때부터 테니스를 가르쳤고, 그 후 매일은 아니더라도 정기적으로 함께 테니스를 쳤다. 고등학교에 들어가고 나서는 아빠보다 잘 친다고 느꼈는지 아빠를 버려두고(?) 친구들과 치기 시작했다. 마루치는 고교 1학년부터 졸업할 때까지 학교 테니스 대표선수로 활동했다.

사춘기 아이들 특히 남자아이들은 몸에서 발산하는 에너지를 주체하기 힘들다. 따라서 테니스 같은 운동을 통해 땀을 흘리면서 에너지를 건강하게 발산하게 하는 것이 좋다. "공부해야지, 운동할 시간이 어디 있어?" 이런 말을 하는 학생이나 부모가 있다면 당장 그 생각부터 버리자. 오히려 운동을 통해 공부에 더 집중할 수 있기 때문이다. 나 역시도 학창 시절 테니스를 꾸준히 했고, 현재 미국 최고의 공립 명문으로 불리는 UC버클리에 다니는 아들도 어릴 적부터 꾸준히 테니스를 했다. 운동이 공부에 방해가 된 적은 단언하건대 단 한 번도 없었다. 특히 미국 대학 진학을 고민하는 학생이라면 더더욱 중요한 것이 운동이다. 아이가 고교 시절 어떤 운동 종목을 얼마나 했는지가 합격의 중요한 요소로 평가되기 때문이다.

어릴수록 '어떻게 살 것인가'를 고민하라

"과한 욕심과 많은 돈은 불행과 화를 불러온다. 인생이란 빈손으로 와서 빈손으로 가는 것이다. 너희들도 부모의 유산을 바라지 말고 자립적으로 삶을 개척해 나가길 바란다."

부모님으로부터 늘 듣던 말이다. 아버지는 항상 분수에 맞는 삶을 강조했다. 군인 아버지와 전업주부 어머니 사이에서 자란 우리 삼남매는 부유하진 않았지만, 그렇다고 쪼들리는 삶을 살았던 것도 아니다. 삼남매 모두 미국 생활을 했기에, 부모님께 받은 유산이 많거나 풍족하게 살았으리라 추측하는 사람도 간혹 있다. 하지만 우리는 모두 아르바이트와 장학금으로 유학 생활을 마쳤다.

대학 3학년 때의 일이다. 어느 날 아버지는 "앞으로 일절 학비를 지원하지 않겠다"고 선언했다. 형과 누나 역시 3학년 때부터 지원을 받지 않았기 때문에 예상은 하고 있었지만, 적잖이 당황했던 것이 사실이다. 우리 삼남매는 만나면 "그래도 숙식은 제공해 주셔서 집에서 학교를 다닐 수 있었다"고 농담처럼 이야기한다. 학업과 아르바이트를 병행하는 것은 결코 쉬운 일이 아니다. 특히 장학금을 받으며 좋은 성적을 유지하기 위해서는 시간이 절대적으로 부족하다. 그렇지만 단순히 '공부한다'는 이유만으로 스무 살이 넘은 청년이 부모에게 손을 벌리는 것도 옳은 것은 아니다.

최근 학교에서 만나는 학생들을 보면 아르바이트로 힘들어하는 경우가 많다. 학과 공부하랴, 아르바이트하랴, 스펙 쌓으랴 정신이 없다. 조금 냉정할지 모르지만 이렇게 이야기하고 싶다. '그땐 그럴 때'라고 말이다. 사회로 나가기 전, 부모로부터 홀로서기를 하는 과정을 배우는 때다. 그러니 힘들고 막막한 상황에 좌절하기보다 그 시기를 잘 지날 수 있도록 마음을 다잡으라고 조언하고 싶다. 단언하건대 과학자의 모든 연구 과정이 미래 과학의 토대가 되듯이, 지금의 그 시간은 반드시 성장의 자양분이 될 것이다.

사회는 정글이다. 온실에서 곱게 자란 화초가 정글에서 살아남을 확률은 극히 적다. 부모 나름의 기준을 세우고 일정 연령이 되면 아이가 자립할 수 있는 기반을 확립해 주는 것이 올바른 부모의 자세다. 아버지는 내게 '어떻게 살 것인가, 어떻게 돈을 벌 것인가'에 대한 기준을 잡아 주고 돈의 가치를 알려 주신 최초의 인물이다. 얼마나 남을 위해 살려 노력하는지, 어떻게 하면 남과 더불어 살 수 있는지 고민할 수 있는 아이로 키운다면 그보다 더 성공적인 자녀 교육은 없다고 생각한다.

CHAPTER 4

1%의 차이가 일생을 바꾼다

나는 노력형이다. 타고난 머리보다는 이해하는 머리가 더 발달한 사람이다. 천재로 태어나지 않았기에 노력이 필요하다는 것을 일찍 깨달았으니, 그것만으로도 어린 김성완에게 큰 점수를 주고 싶다. 중학교 즈음, 본격적으로 공부에 재미를 붙이면서 '조금만 더 노력하자' '조금만 더 힘을 내자'라고 내 자신을 격려했다. 조금만, 지금 하고 있는 것보다 아주 조금만 더 노력해도 내가 하고 싶은 일을 더 잘할 수 있다는 걸 알고 있었기 때문이다. 그 '조금'은 바로 1%다.

물은 섭씨 99도까지는 아무리 열을 가해도 끓지 않는다. 그러다 마지막 1도가 충족되면 맹렬하게 끓기 시작한다. 이 차이를 '임계온도'라고 한다. 99도에서 1도가 더해져 100도가 되는 순간, 물은 액체라는 자신의 신분을 기체로 상승시키는 놀라운 변화를 겪는다. 바로

1도, 100도 중의 1도인 단 1% 덕분이다.

악착같이 하지 마라, 1%만 더 하라

많은 이들이 1%의 노력을 앞에 둔 채 뒤돌아서며 "희망은 없다"고 말한다. 99도가 되기까지 수고하고 기다렸으면서 1도를 더 높여 보지 않고 포기하고 좌절한다. 그동안 너무 고생했기에 더 이상은 못 할 것 같은 심정에, 남들은 쉽게 하는 것 같은데 나만 안 되는 것 같은 좌절감에 애써 쌓아 올린 공든 탑을 무너뜨린다. 그렇다고 눈에 보이지 않는 1%의 정체를 위해 무조건 노력하라고만 할 수도 없는 노릇이다.

1%의 정체는 무엇인가. 바로 남들에게는 없는 나만의 노하우이자 규칙이다. 중학교 시절, 친구들은 방과 후 운동장에서 자기들과 함께 어울려 열심히 공을 차고, 시험 기간에도 규칙적으로 일찍 자는 내가 어떻게 좋은 성적을 거두는지 궁금해했다. "따로 과외를 받는 거 아니냐" "공부 잘하는 누나, 형에게 따로 지도받는 건 아니냐"고 묻기도 했다. 사실 우리 삼남매는 각자 자기만의 일상에 맞는 규칙을 스스로 세워 나갔다. 어머니의 숙제 검사를 통해 시간 관리 방법을 배웠고, 형과 누나를 보며 잘 따라간 덕분에 공부하는 습관이 몸에 밴 것뿐이다.

자신만의 1% 노하우를 갖는 것, 누군가 세워 준 규칙이 아니라 내 의지에 따라 움직이는 것, 그 작은 한걸음이 물을 끓게 만든다.

공부에서 중요한 것은 무엇보다 자신감이다. 나에게 있어서 1%는 바로 자신감이었다. 자신감은 내가 더 잘할 수 있다는 건강한 욕심을 갖게 한다. 더 좋은 사람이 되겠다는 목표 의식도 갖게 한다. 문제를 틀려도 다시 풀면 된다는 가벼운 마음을 갖게 한다. 단, '스스로'를 너무 강조하다가 외톨이가 되는 불상사는 만들지 말자. 진짜 스스로 할 수 있으려면 나와 함께 달리고 있는 누군가와 나를 지켜봐 주는 누군가가 있다는 믿음이 있어야 한다. 부모든 형제든 친구든 말이다.

공부는 악착같이 하는 것이 아니다. 정말 시간이 촉박해 벼락치기가 꼭 필요한 이들에게는 효과가 있을지 모르겠다. 하지만 공부를 힘들게 하면 공부 내용이 머릿속에 쉽게 들어오지 않는다. 공부가 쉽다는 말은 아니다. 어려운 일일수록 자연스럽고 거부감이 없이 받아들이도록 준비하라는 뜻이다. 그러기 위해서는 남과 다른 1%가 필요하다. 많이도 필요 없다. 단 1%면 된다.

공부의 왕도, 과목별 1% 공략법

한 신문사와 인터뷰할 때의 일이다. 중앙 일간지의 교육파트 1면에 실리는 기사였는데 인터뷰의 요지는 '어떻게 공부했느냐'였다. 어떤 방법으로 각각의 과목을 공부해야 효율적인 학습을 할 수 있느냐 하는 질문이었는데 가장 핵심적인 답은 "문제 풀이와 답에만 집중하지 말고 이 문제의 의미가 무엇인지 생각해 보라"였다. 예를 들어 방정식을 풀 때 방정식을 그저 기호와 숫자의 단순한 나열로만 본다면 나는 질문부터 다시 읽어 보라고 한다. 수십 번씩 봐서 풀리지 않는 문제는 없다. 방정식의 숨은 의미를 알면 답도 보인다.

기본에 더해 나만의 1% 논리를 개발하여 활용하면 공부에서도 남보다 앞서 가는 왕도를 걸을 수 있다. 수학의 왕도는 문제 풀이에 있다. 공식 암기보다 문제 풀이에 훨씬 시간을 많이 투자하라는 것이다.

나는 수학 공식을 외운 다음 문제를 풀기보다, 문제를 풀면서 수학 공식이 적용되는 과정과 원리를 이해하는 스타일이다. 그래야 비슷한 문제가 나왔을 때 어떻게 적용해야 할지 알고 비슷한 패턴의 문제를 풀 수 있기 때문이다. 물론 경우에 따라서는 묻지도 따지지도 않고 무조건 암기하는 무식한 방법이 도움이 되기도 한다. 정말 이해되지 않을 때는 일단 외워 둔다. 그러고 나서 나중에 한 단계 더 어려운 문제를 풀다 보면 그때 외웠던 원리나 패턴이 쉽게 이해될 수도 있다.

과학도 마찬가지다. 특히 물리의 경우는 그 원리가 나온 과정을 이해해야 문제에 적용해 풀 수 있다. "어떻게 그렇게 암기를 잘하세요?"라는 질문을 자주 받는다. 그때마다 그 공식을 만든 학자로 입장을 바꿔 보라고 답하고 싶다. 어떤 고민을 하다 그 원리가 나오게 되었는지, 어떤 과정이 있었을지 말이다. 그리고 답을 찾았을 때의 기쁨에 맛 들리길 바란다. 그 문제에서만큼은 1등이 되도록 같은 문제를 수없이 풀어 완전히 습득하는 것이 중요하다. 단, 문제 풀이 과정을 미리 나온 공식에 대입하며 답만 맞추는 것이 아니라 답이 나오기까지의 과정 자체를 이해하는 것이 중요함은 말할 필요도 없다.

언어는 고등학교 연합 동아리인 인우회에서 일주일에 한 권씩 읽었던 교양서적이 많은 도움이 되었다. 언어 과목의 성적은 평소 실력이 나오는 것이기 때문에 1%의 힘이 더욱 필요하다. 언어 부분의 1%는 남들보다 많은 독서의 힘이다. 공부에 아무리 바쁘더라도 주말이면 책을 한 권씩 읽으며 책과 친해지라고 권하고 싶다. 장문의 텍스트를 접하는 데 거부감도 없어지고 교양도 쌓이니 일석이조다.

또 하나, 정규 과목을 위한 1% 외에도 정말 중요한 1%가 있다. 그것은 바로 스트레스를 해소하는 나만의 분출구를 만들어 두는 것이다. 나는 입시 스트레스에서도 그 시간을 내 나름대로 건강하게 지냈다고 자부한다. 내게 있어 휴식의 1%는 독서와 운동이었다. 머리가 건강하려면 몸도 건강해야 한다. 나에게 있어서 테니스는 건강한 분출구였다. 과정이 건강하면 결과도 건강하다.

CHAPTER 5
사소한 차이가
공부의 '왕도'를 만든다

삼남매 중 막내인 나는 다섯 살 위인 누나와 세 살 위인 형을 따라 학교에 다녔다. 워낙 우등생이었던 누나와 형 덕분에 집안에는 일찍부터 공부하는 분위기가 자연스레 잡혀 있었다. 학교가 끝나고 집에 돌아온 누나와 형이 제일 먼저 하는 일은 책상 앞에 앉는 것이었다. 초등학생 때는 숙제만 하고 밖으로 뛰어놀기 일쑤였던 나도 시간이 흐를수록 누나, 형과 함께 책상 앞에 앉아 있는 시간이 늘기 시작했다.

초등학교 고학년이 되면서는 특히 그랬다. 책상 앞에 앉았다가 다른 일에 한눈을 팔다가도 누나와 형의 연필 또각거리는 소리를 들으면 나도 모르게 문제집을 펼쳤다. 조용한 오후, 우리 집에는 연필 또각거리는 소리만 가득했는데, 어떤 날은 그 소리가 한여름 소나기처럼 청명하게 들리기도 했다.

  누나와 형이 공부하는 모습을 보며 자라다 보니 수업을 마치고 집에 오면 숙제부터 하고, 그 다음 책을 읽고, 마지막으로 밖으로 나가 뛰어노는 순서가 당연하다고 생각하게 되었다. '숙제=반드시 해야 하는 것'이라는 공식이 머릿속에 박혀 있었다. 그 덕에 공부는 물론 약속에 대한 신중함을 배울 수 있었다고 생각한다.

형제 많은 집안에 인재도 많다

  우리 삼남매는 사교육 없이 언제나 우등생 자리를 지켰는데 현재 형님은 IBM 책임연구원을 거쳐 KAIST 교수로, 누님은 남편이 교수로 재직하고 있는 미국 플로리다대학에서 디렉터로 일하고 있다. 부모님은 우리에게 '공부하라'는 잔소리를 하지 않았지만 누나와 형이라는 '리더'가 있으니 그 아래 졸병인 나도 군소리 없이 공부하게 되었던 것 같다. 학년도 다르고 성별도 다르지만, 형제간 선의의 경쟁은 그만큼 공부의 시너지를 키웠다.

  3학년 때의 일이다. 6학년이던 형은 중학교 입학을 앞두고 있었다. 중간고사 기간의 어느 날, 형은 정말이지 꼼짝없이 앉아서 공부를 했다. 밥도 먹는 둥 마는 둥 했고 심지어 화장실도 가지 않았다. 형과 시험 기간이 같았던 터라 옆에 나란히 앉아 공부를 하는데 화장실 생각이 나기 시작했다. 평소 같으면 아무 고민 없이 자리를 박차고 일어났을 테지만, 그날따라 묘한 오기가 생겼다. '아까 점심을 먹었으니 형도 가고 싶을 거야. 형이 갈 때까지 나도 참고 공부해야지.'

하지만 형은 화장실은커녕 시간이 지날수록 무섭게 집중력을 발휘했다. 사실 그 정도 시간이면 시험 범위까지 공부를 다 마쳤을 텐데도 계속해서 처음부터 다시 읽고 또 읽고 하는 것 아닌가. 시간은 하릴없이 흐르고 급기야 발가락에 땀까지 찰 지경에 이르렀다. 도저히 참을 수 없던 난 이윽고 형에게 말을 걸었다. "혀엉~ 화장실 안 가?" 쌩뚱 맞은 동생의 말에 형은 잠시 멍한 표정을 짓다가 씩 웃으며 이내 책으로 눈길을 돌렸다.

"화장실 가고 싶으면 가. 왜 안 가고 그러고 있니? 형은 아까 다녀왔는데. 네가 공부에 집중하느라 못 봤나 보구나." 형의 이야기가 끝나기 무섭게 화장실로 우당탕탕 달려갔다. 나 역시도 시험공부에 집중하느라 형이 화장실 간 사실을 까맣게 모르고 있었던 것이다. 우리 형제는 한번 공부에 빠지면 그렇게 무서운 집중력을 보였다.

집중력을 높이는 방법은 무엇일까. 아이들은 기본적으로 어른보다 집중력이 높다. 어린 시절의 높은 집중력을 유지하기 위해서는 약간의 자극이 필요하다. 나에게 있어 그러한 자극은 바로 형제간의 경쟁이었다. 처음에는 '형보다 조금 더'라는 생각에서 시작했지만 결국에는 공부에 빠져들자 형이고 화장실이고 안중에 없게 되었던 것이다. 혼자 공부할 때보다 독서실이나 도서관에서 여럿이 모여 공부할 때 집중이 더 잘 되는 것도 비슷한 이치다. 이런 훈련이 반복되다 보면 이후부터는 혼자 공부해도 높은 집중력을 유지할 수 있게 된다.

'숙제 따라 하기'는 최고의 선행학습

세 살 위 형은 언제나 나의 선망의 대상이었다. 형이 하는 일이라면 하루 일과든 숙제든 늘 나의 호기심을 자극했다. 나는 아직 배우지도 않은 내용을 공부하는 형의 모습을 보면 뭐가 됐든 무조건 재미있어 보였다. 어쩌다 형이 자리를 비우면 수학 교과서를 펼쳐 놓고 유심히 보기도 했다. 물론 3학년이나 차이가 났기 때문에 풀 수 없는 것이 당연했지만, 형의 교과서를 보고 있노라면 내가 6학년이라도 된 양 기분이 으쓱해졌다. 생각해 보면 형도 어지간히 귀찮았을 터다. 앞서 얘기한 전파사 폭발 사건만 해도 그랬다. 형의 과학 숙제 준비물을 사러 들렀다 결국에는 아무것도 못 만들게 한 장본인이 나 아닌가.

중학생인 누나의 교과서는 금줄이라도 두른 듯 근사해 보일 지경이었다. 책의 크기부터 달랐고 누나가 쓰는 공책은 초등학생의 공책과 달리 줄이 좁고 빽빽했다. 게다가 우리는 연필을 쓰는데 누나는 볼펜을 썼다. 그야말로 부러운 것뿐이었다. 누나의 공책과 교과서를 훔쳐보며 중학생이 된 내 모습을 상상하고는 했다. 특히 누나의 과학 교과서는 신기함 그 자체였다. 지구의 모습과 토양의 모습 등이 초등학교 교과서의 삽화와 달리 실물 사진으로 들어가 있었고, 어찌나 생생한지 당장에라도 중학교에 올라가면 수업이 귀에 쏙쏙 들어올 것만 같았다.

아이가 초등학교에 입학하기 전부터 형이나 누나의 가방을 어깨에 메고 아침마다 학교에 가겠다며 실랑이를 벌이는 모습을 자주 볼 수 있다. 외동아들이나 딸이라도 동네 형, 누나가 학교에 가는 것을 보며 부러워하기 마련인데, 이때 아이의 호기심을 최대한 자극하는 것이 바로 창의 교육이 아닐까 한다. "1년 후에는 너도 학교에 갈 수 있다"거나 "학교에서는 재밌는 공부를 많이 한다"는 식으로 공부에 대한 긍정적인 이미지를 심어 주는 것이다. 가능하다면 1학년 공부를 미리 조금씩 시작해 보는 것도 방법이다. 형이나 누나의 공부에 호기심을 가지고 보기 시작하다 보면 요즘 엄마들이 큰 돈 들여 시킨다는 선행학습이 따로 필요 없다는 얘기다. 호기심은 자극하면 자극할수록 무한대로 자라난다. 나는 누나와 형을 통해 최고의 선행학습을 체험한, 호기심 많은 행운아였다.

Part 3
발사

집중하라, 발사하라

LAUNCH

CHAPTER 1
나의 태양은 30분 먼저 뜬다

중학생이 되면서부터 유난히 부지런한 생활이 시작됐다. 이번에는 누나가 나의 본보기였다. 누나는 요즘으로 치면 특목고 수준으로 불리는 명문 학교에 진학했다. 당시에는 고교 진학과 동시에 일생이 결정된다고 말할 정도로 고교 입시 자체가 치열했기에 고교 진학이 대학 못지않게 중요한 시절이었다. 누나의 합격을 온 가족이 기뻐하는 모습을 보며 공부 욕심, 칭찬 욕심 많은 나는 당연히 마음이 바빠졌다.

중학생이 된 후에도 600만 불의 사나이를 내 손으로 만들어 보겠다는 꿈을 계속 키우던 나였으니 우선 공과대학에 가야겠다는 목표를 세웠다. 당시 남학생들 사이에서 공과대학은 유행이라 할 정도로 인기를 끌었다. 대대로 부유한 집안 자제가 아닌 이상 스스로 자립할 수 있는 가장 좋은 방법은 '기술을 배우는 것'이라고 느꼈던 시대였다. 실제로 1970~80년대 대한민국은 공학 기술의 힘이 절대적으로 부족한 개발도상국 처지기도 했다. 그때 배출된 공학 인재들이 지금의 대한민국을 만들었다고 해도 과언이 아닐 정도니, 당시 공대의 위상은 실로 어마어마했다. 사실 공과대학이 사회에 미치는 영향, 그 중요성은 지금도 여전하다. 응용과 융합이 강조되는 오늘이지만 그렇기에 더욱 기초 학문이 중요해지고 있다. 과학을 이해한 뒤에야 과학기술이 만들어질 수 있듯이, 모든 응용과 융합은 결국 기초가 튼튼해야 이뤄질 수 있기 때문이다.

'뒤따를 것인가, 앞설 것인가' 예습의 힘

중학교에 입학하면서 나는 나만의 두 가지 원칙을 세웠다. '1등 등교'와 '하루 4시간 공부'였다. 어려서부터 누나와 형에게 공부 습관을 배웠지만, 무엇보다 다른 사람보다 더 잘하고 싶다는 경쟁심을 배웠던 터였다. 어린 나이였지만 남들과 똑같이 놀면서 최고가 되기를 바라는 것은 도둑놈 심보라는 생각이 들었다.

첫 번째 원칙인 '1등 등교'는 단순한 이유에서 시작되었다. '공부 1등에 앞서 등교부터 1등 하자'는 것이었다. 1등을 목표로 잡고 보니 남들보다 늦게 학교에 도착하면 왠지 뒤처지는 기분이었다. 그 친구들보다 오늘 하루를 늦게 시작한 것 같아서였다. 누구나 한 번쯤 지각으로 남의 뒤통수를 보며 뛰어왔던 적이 있을 것이다. 그렇게 시작한 날은 뭔가에 쫓기는 기분이 들어 하루 종일 개운하지 않다. 그래서 일단 시작부터 1등을 하기로 한 것이다.

  1등으로 학교에 도착하면 생각보다 얻는 것이 많았다. 기분 좋게 학교에 도착해 여유롭게 그날 수업할 것들을 꺼내 보며 한 번씩 죽 훑어봤다. 무슨 내용인지 이해가 안 가더라도 한 번 읽고 그날의 수업을 시작하면 그렇지 않을 때보다 몇 배의 학습 효과를 볼 수 있었다. 특히 유난히 어려운 단어나 수식은 따로 메모해 두었다가 수업 시간에 질문하기도 했다. 일종의 예습인데, 예습의 가장 큰 장점은 수업 시간에 대한 흥미를 높인다는 것이다. 미리 정답을 아는 것이 아니라 알고 싶은 마음을 만드는 것, 이것이 예습의 장점이다.

  물론 많은 부모들이 자녀에게 선행학습을 시키지만, 학원에서 교과과정을 미리 공부시키는 것은 정답을 머릿속에 구겨 넣는 것이다. 그렇게 되면 수업 시간에 선생님의 말씀을 듣지도 않은 채 '내가 다 아는 내용이야'라고 판단하고 흥미를 잃어버린다. 나는 아이들이 수업에 대한 관심을 잃어 가는 것이 가장 안타깝다.

  내게 예습은 호기심이었다. 그날 배울 공부 내용에 대해 물음표를 던지는 것이다. 나는 '1등 등교'를 통해 자연스럽게 예습 시간을 확보했고, 예습을 통해 그날의 수업에 스스로 관심을 부여했다. 때로는 내가 생각한 풀이 방식이나 공식이 선생님이 가르쳐 주시는 것과 달라 신기했고, 때로는 내가 생각한 답과 같아 뿌듯했다.

두 번째 원칙은 '하루 4시간 공부'였다. 매일 최소 4시간만큼은 꼭 공부하겠다는 규칙이었다. 일단 등교가 빠르다 보니 아침 시간을 벌 수 있었다. 8시에 등교하여 수업이 시작하는 9시까지 1시간을 예습 시간으로 잡았다.

정규 수업이 끝나는 시간은 5시였다. 나는 수업이 끝나면 학교에서 친구들과 운동을 하고 저녁을 먹은 후에 학교 도서관에서 7시부터 10시까지 3시간 동안 복습 위주로 공부했다.

그날 배운 수업 내용을 필기해 둔 노트를 한 번 보고, 숙제를 정리한 뒤, 문제집을 한 번 풀어 다시 머릿속에 입력시켰다. 하루 4시간 원칙은 나 스스로와의 약속이었기 때문에 누가 챙기지 않아도 철저하게 지켰다. 그래야 나 스스로에게 떳떳한 기분이었다.

시험 기간이라고 별다르지 않았다. 평소 예습과 복습으로 공부한 내용을 차곡차곡 머릿속에 각인시켜 놓았기에 시험 기간이라고 유난 떨며 공부하지 않아도 평소 컨디션대로 공부할 수 있었다.

내게 공부 방법을 묻는다면 내 답은 단순하다. 예습과 복습이다. 예습은 한 걸음 먼저 시작하는 것, 그리고 호기심을 갖는 것이다. 복습은 약속이다. 나만의 규칙을 지키기 위해 나는 다시 책을 폈다. 그날 배운 내용이 머릿속에 각인되는 효과는 복습이 주는 선물이다. 예습과 복습, 시작이 어렵지만 해 본 사람들은 절대 놓지 않는 특효 비법이다.

시간을 만든다! '하루 30분 6개월의 법칙'

제자들에게 입버릇처럼 하는 말이 있다. "남보다 30분 먼저 시작하고 그렇게 6개월만 노력하라." 하루 30분이 보잘것없어 보이지만, 6개월 후 '30분의 법칙'은 분명 엄청난 효과를 가져 온다. "노력은 했지만 잘 안 된다"며 포기하는 제자들에게는 특히 이에 대한 설명 시간이 길어진다. 30분을 따로 떼어 놓고 보면 드라마 한 편 보기에도 짧은 자투리 시간이다. 하지만 이 30분을 6개월 동안 모으면 자그마치 90시간이 된다. 90시간이면 하루 8시간 근무자가 거의 2주를 출근해 일하는 시간이며, 운동을 새로 배워도 기본을 충분히 마스터할 수 있는 시간이다. 날짜로 계산하면 먹고 자는 시간을 빼고 거의 8일을 얻는 격이다. 남들이 365일을 살 때 나는 373일 사는 것과 같다.

미국의 시스템을 얼핏 보면 금요일과 토요일은 한없이 자유분방해 보일지도 모른다. 하지만 그들은 일요일 오후부터 다음 일주일을 준비하고, 이를 통해 월요일 아침부터 효과적으로 일을 한다. 나도 여전히 일요일 오후 4시경이 되면 다가올 일주일 계획을 정리하기 시작한다.

효율적으로 일한다는 것은 시간을 명확히 분배하고 정해진 시간에 집중해서 일한다는 의미다. 시간 분배는 학업이나 업무의 기초가 되는 부분이다. 물론 매일 30분 먼저 시작하거나, 4시간 공부하기를 지키기란 쉬운 일이 아니다. 하지만 시도해 본 사람과 그렇지 않은 사람은 6개월이란 시간이 흐른 후 어마어마한 차이로 달라져 있을 것이다.

중학생 때만 하더라도 공부의 양이 지금처럼 방대하지는 않았다. 교과서 위주로 공부하면 좋은 성적을 얻을 수 있기 때문에 거의 모든 내용을 암기했던 것으로 기억한다. 선생님도 깜짝 놀랄 만큼 '암기의 왕'이 될 수 있었던 이유는 매일같이 지켜 낸 예습과 복습이 있었기 때문이다. 만일 예습·복습 없이 무조건 외우기만 했다면, 코앞의 시험은 잘 볼 수 있었을지 몰라도 그 습관을 유지하거나 계속해서 공부에 흥미를 갖기는 어려웠을 것이다.

서점가에는 셀 수 없을 만큼 많은 학습법 관련서가 쏟아져 나온다. 책마다 각기 다른 방식으로 포장하고 있지만 결국에는 '목표를 가지고, 이해와 암기를 통해, 계획적이고 꾸준하게 공부해야 함'을 설파한다. 나는 중학교 3년 내내 전교 2등 이상의 성적을 유지했다. 누군가 "당신은 어떻게 공부했기에 서울대에 갔고 UCLA에 갔고 NASA와 서울대 교수가 됐습니까"라고 묻는다면 "선 이해, 후 암기의 방법으로 공부했기 때문"이라고 스스럼없이 답할 수 있다. 결국 부지런하고 끈기 있게 공부하는 것이 유일무이한 성공의 방정식인 셈이다.

1등으로 등교하던 습관은 성인이 되어서도 계속 이어졌다. NASA에 있을 때, 그리고 지금 서울대학교의 모든 회의에도 나는 제일 먼저 도착하는 편이다. 회의도 일종의 공부라 할 수 있다. 남들보다 일찍 도착해 그날 회의에서 상의할 내용을 미리 점검하다 보면 회의를 보다 성공적으로 주도할 수 있다.

"20명이 참여하는 한 시간짜리 회의를 한 번 하는 데 드는 비용을 계산해 본 적 있나요?" NASA에서 매니지먼트 교육 때 받았던 질문이다. 20명의 지위에 따라 월급도 다르겠지만, 연봉이 1억 원인 대기업 이사가 참여하는 회의라고 가정해 보면 한 시간에 5만 원씩 받는 셈이다. 미국에서는 회사 직원들에게 퇴직금·보험·사무 공간 등이 추가로 제공되니 1인당 10만 원이 되고 20명이 참석하면 200만 원이 된다. 이런 회의를 매주 한다는 것은 1년 기준으로 보면 1억 원 정도의 비용이 소비된다는 의미다.

회의는 아주 비싼 돈을 지불하는 모임이다. 그러니 그만큼의 값어치가 있을 때만 열어야 하고, 그것도 제대로 진행되어야 한다. 때론 일상적인 회의도 필요하지만, 간단한 사항은 이메일 등을 통해 소통하면 된다. 효율적으로 인력을 운용한다면 시간 활용은 물론, 더 나은 회의 결과물을 얻을 수 있을 것이다.

한국에 들어온 지도 3년이 훌쩍 지났다. 그런데 그간 불필요한 회의가 여간 많은 게 아니었다. '시간은 돈'이라고 배웠지만, 생각보다 많은 시간을 허투루 보내는 사람들이 많다. 1인당 근무시간은 최고지만, 효율적으로 일하고 있는지는 점검해 볼 필요가 있다. 학생들 역시 절대적인 공부 시간은 많지만, 자신에게 필요한 공부를 얼마나 체계적으로 하고 있는지 다시 한 번 점검해 보길 바란다. 무조건 오래 공부한다고 우등생이 되는 건 아니다. 짧은 시간이라도 필요한 부분을 알차게 공부할 수 있다면, 한 시간의 긴 공부보다 10분의 농축된 공부가 훨씬 효과적일 것이다.

CHAPTER 2
타고난 리더,
만들어지는 리더십

요즘 엄마들은 중·고등학교에 다니는 자녀들이 학급 임원을 맡으면 어쩌나, 전전긍긍한다고 들었다. 공부에 조금이라도 방해가 될까 엄마들이 기를 쓰고 막는다고도 한다. 학교의 회장, 학급의 반장은 물론 '줄반장'으로만 선출되어도 자랑하며 칭찬받던 시절은 그야말로 옛이야기다.

사실 나의 학창 시절에도 그런 치맛바람이 아주 없었던 것은 아니다. 중학생들이야 별문제 없었지만 고등학생에게는 학교나 학급의 임원을 맡는 일이 학업에 부담을 주는 것은 사실이었다. 하지만 당장 내 눈앞의 참고서만 보는 것이 진정한 공부이고 성공의 길일까. 세월이 지난 지금 자신 있게 말할 수 있는 것은, 리더십 공부 역시 수업의 하나라는 점이다.

진정한 리더는 더 낮아져야 한다

나는 중학교 3년 내내 반장을 하며 친구들을 위해 봉사했다. 반장을 하면 생각보다 챙겨야 할 크고 작은 일이 많다. 하지만 나는 친구들과 어울리는 것을 좋아했고 공부만큼 우정도 중요하다고, 사나이라면 공부 '따위'보다 친구들을 위해 봉사해야 한다며 아주 비장한 각오로 3년 내내 반장직을 맡았다.

고등학교에 진학하고 머리가 좀 크고 나니 이제 슬슬 반장 일을 놓아야겠다는 생각이 들었다. 누나와 형이 그랬던 것처럼 고교 진학 후부터는 학업에 전념하기 위해서였다. 그 당시 생활의 롤모델, 학습의 롤모델이 바로 형이었기에 형이 하는 그대로 모든 것을 하려고 했다. 게다가 형과 함께 서울대에 가겠다는 목표를 세웠기 때문에 형처럼 얼마나 열심히 공부해야 하는지 피부로 느끼고 있었다.

하지만 고등학교 입학과 동시에 담임선생님은 나에게 "반장을 맡아 보는 게 어떻겠느냐"라고 권유하셨다. 선생님 제안을 거절할 수도 없어 덜컥 또다시 반장 단독 후보가 되어 버렸다. 가족들의 반응은 예상했던 대로였다. 모두들 이제는 공부에 집중할 때라며 고사하는 것이 좋겠다고 말했다. 나 자신의 편리보다는 선생님과의 약속이 우선이라고 생각했던 터라 나는 고민할 수밖에 없었고 결국 "우선은 선생님과의 약속도 있으니 한 달 정도 해 보고 성적이 떨어지면 그때 가서 그만두겠다"고 가족을 설득하며 사태를 일단락 지었다. 다행히 반장을 맡은 후에도 성적을 유지할 수 있었다. 성적이 떨어지면 반장을 그만두겠다고 했는데 그 말이 오히려 3년 내내 반장을 해야 하는 이유가 되어 버렸다.

다른 친구들이 쉬는 시간에도 책에만 코를 파묻을 만큼 공부에 열심일 때 나는 교무실로 체육실로 또 학급반장단 회의로 뛰어다녔다. 사실 나는 거절을 잘 못하는 성격이다. 아직도 누군가 어려운 부탁을 청하면 군말 없이 들어주는 편이다. 내가 조금 고생해서 다른 이들이 편할 수 있다면, 그것만큼 좋은 일도 없다는 생각에는 변함이 없다. 어쩌면 이러한 마음가짐도 학창 시절에 반장을 해 본 경험을 통해 더 다져지게 된 건 아닐까 싶다.

귀가 큰 리더는 힘이 세다

성공적인 리더가 갖추어야 할 덕목에는 무엇이 있을까. 제일 먼저 떠오르는 건 '나를 위해 일하는 사람들을 항상 대변해 주고 보살피는 자세'다. 흔히 리더는 강한 사람이고 모두가 무조건적으로 따라야 하는 사람이라고 생각하는 경우가 많다. 하지만 리더란 보이는 곳에서 '나를 따르라'를 외치는 사람이 아니다. 오히려 늘 사람들 뒤에서 묵묵히 봉사하며 그들이 나아가야 할 방향을 설정해 주는 항해사 같은 역할을 해야 한다.

반대로 "나는 리더십이 없어. 나는 앞에 나서서 하는 일을 못 하겠어"라고 말하는 사람이 있다면 이런 이야기를 들려주고 싶다. "Leadership is not born! 리더는 태어나는 것이 아니고 노력하는 가운데 만들어지는 것입니다"라고 말이다.

"아마겟돈"이라는 할리우드 영화가 있다. 지구의 종말을 가져올지도 모르는 소행성을 파괴할 임무를 띤 팀이 구성되고, 혹독한 훈련을 거친 뒤 우주로 나가 임무를 수행하며 활약하는 내용이다. 비행선을 타고 우주로 출발하기 전, 대원들은 마지막으로 가족들을 만나고 싶어 한다. 다시는 지구로 돌아오지 못할 수도 있는 위험한 임무이기 때문이다. 대원들의 마음을 헤아린 리더는 총책임자를 만나 '1박 휴가'를 요청한다. 하지만 총책임자는 지구의 종말을 앞두고 말도 안 되는 소리라며 단칼에 거절하고 만다. 이때 극 중 리더의 한마디가 지금도 내 뇌리에 깊이 새겨져 있다.

"I am not asking you. I am just telling you!(부탁을 하는 게 아니라 우리의 계획을 통보하는 것입니다!)"

이처럼 때로 리더는 구성원을 위해 희생하고, 그들의 목소리를 대신해서 낼 줄 아는 용기도 있어야 한다. 그래야 구성원들은 비로소 리더를 믿고 각자의 업무에 충실할 수 있게 된다. 상황에 따라 혹은 이익에 맞춰 자신을 따르던 사람에게 등을 돌린다면, 그 사람은 리더이기를 포기한 것과 같다.

간혹 구성원의 이야기를 듣기는 하되 실천하지 않는 리더가 있다.

이런 사람들은 신뢰를 얻기 어렵다. 예를 들어 한 친구가 나를 못생겼다고 놀리는 것이 싫어 고민을 털어놓았는데, 열심히 들어만 주었지 전혀 달라진 것이 없다면 어떻겠는가? 그 친구의 실력을 떠나 '나를 무시하는 건 아닌지, 저 사람은 무슨 생각을 하고 사는지' 등 친구에 대한 확신이 사라지게 된다. 리더라면 구성원의 이야기에 귀를 기울이고 그들의 불만을 효과적으로 해결하기 위해 노력해야 한다. 만일 구성원들의 요구가 지나치다면 그들을 설득해 타협할 줄 아는 능력도 갖춰야 한다. 이를 위해서는 무엇보다 여러 각도로 상대의 입장을 이해하고, 구성원 전체의 이야기를 들어주려는 태도가 중요하다.

CHAPTER 3
성실한 바보가
게으른 천재를 이긴다

"**졸**업은 끝이 아니고 또 다른 시작이다. 대학에 가서 새로운 공부, 원하는 분야의 공부를 마음껏 하고 실력을 쌓길 바란다."

평범한 진리임에도 평소 과묵한 아버지가 막내아들을 위해 고등학교 졸업식 날 해 주신 이 덕담은 지금도 머릿속에 또렷이 남아 있다. 사실 아버지의 그 말을 듣고 있는 순간에도 나는 이제 대학생만 되면 고삐 풀린 망아지처럼 캠퍼스 생활을 즐길 참이었다. 결국 이 한마디는 대학 4년을 다잡아 준 결정적인 한마디였다.

당시 서울대 전자공학과는 법대, 경영대, 의대 등과 비교해 뒤지지 않을 정도로 인기 학과였다. 당시에는 1학년에서 2학년으로 올라갈 때 희망 전공을 선택했다. 서울대 공대 신입생은 1,000명가량이었는데, 전자공학과의 정원은 단 50명이었다. 공대 안에서도 최고의 인기 학과였기 때문에 전자공학과에 들어가기란 쉬운 일이 아니었다. 입시 당시 수험생 수를 기준으로 하면 전국에서 상위 0.05%에 들어야 갈 수 있는 정도였다. 그랬기에 당시 유학을 준비하는 친구들의 추천서에 "상위 0.05%에 속하는 우수한 학생임"이라고 쓰는 교수님이 있을 정도였다.

궁금한 것은 바로바로 풀라

외국 학생들은 대학에 가야 공부를 시작하고 우리나라 학생들은 대학에 가면 놀기 시작한다는 말이 있다. 우리나라 학생들은 중·고교 시절 공부에만 파묻혀 산 것을 보상받기라도 하려는 듯 대학생만 되면 "해방이다"를 외치고 열심히 '논다'. 그때는 지금처럼 취업난이 심각한 것도, 스펙을 쌓으려 온갖 자격증 공부를 해야 하는 것도 아니었기에 공부를 등한시하는 친구들이 많았다. 그런데 산 넘어 산이라고 대학에 들어와서도, 목표로 한 전자공학과를 들어가려면 마음을 놓을 수 없었다. 게다가 어린 시절부터 질문이 떠오르면 참지 못하는 습관이 어디 갔겠는가.

그 당시만 해도 교수님께 질문하기가 어려운 분위기였다. 그런 행위 자체가 교수의 권위에 도전하는 불경죄에 해당됐던 것이다. 하지만 해외 자료를 찾아보기도 어렵고 인터넷이 있던 시절도 아닌 터라,

도서관 자료나 교수님 강의만이 호기심을 해결할 수 있는 유일한 통로였다. 궁금하면 못 참는 성격 때문에 질문을 참아내기란 여간 어려운 것이 아니었다.

결국 강의를 듣던 중 "교수님, 왜 그렇게 되는 건가요?"라고 종종 질문할 수밖에 없었다. 그때마다 강의실 분위기는 썰렁함을 넘어 살벌해지곤 했다. 그래도 그놈의 궁금증은 정말이지 참을 수가 없었다. 친구들도 웬만하면 나중에 자료를 찾아보거나 따로 교수님께 여쭤보라고 할 정도였지만, 그런 생각을 할 겨를도 없이 언제나 손이 먼저 번쩍번쩍 올라가기 일쑤였다.

요즘에는 수업 전에 인터넷을 통해 강의록을 미리 볼 수 있지만, 그때는 대부분의 강의가 교수님이 수업 내용을 칠판에 적으면 학생들이 이를 받아 적는 분위기였다. 그러다 보니 궁금한 부분이 줄어들긴커녕 오히려 궁금증이 커지기만 했다. 그 당시 교수님들 사이에서는 "이번 신입생 중에는 질문하는 학생도 있더군요"라며 신기해했다고 한다. 어쨌든 이런 학습법과 호기심은 든든한 성적으로 돌아왔.

전공을 결정하는 2학년이 되었을 때 나는 전자공학과에 무난히 입성할 수 있었다. 학과 동기 50여 명은 현재 대부분 전자공학과 관련한 반도체, 통신, 자동제어, 컴퓨터 등의 분야에서 교수나 대기업 임원, 벤처 창업자 등 우리 사회의 다양한 분야에서 주역으로 활약하고 있다. 이들 모두 대한민국의 경제성장 원동력이 되는 엘리트 그룹이라 해도 손색이 없다.

이런 과정을 거쳐 온 나로서는 요즘 우리 청소년들의 단순히 수학이 어려워서, 과학을 못해서, 취업이 어렵다는 이유로 이공계 관련 학과를 기피하는 현상을 이해할 수 없다. 전자공학을 비롯한 공학 부문은 인간 생활에 꼭 필요한 가장 기초가 되는 학문이자 가장 실용적인 학문이다. 더욱이 앞으로도 더욱 발전할 수밖에 없는 분야다. 스마트폰, 컴퓨터, 인체공학, 생명공학 및 의공학 등 공학과 관련 없는 제품이 없다. 이런 사회 속에서 핵심 기술을 연구·개발할 수 있는 공학을 전공한다는 사실은 다른 무엇과도 비교할 수 없는 자부심을 느껴야 하는 것인데 말이다.

미래 사회는 '융합적 소양을 갖춘 인재'를 원한다고 말한다. 그 한 예로 최근 기업에서는 인문사회계를 전공한 학생들에게 이공학적 소양을 교육시키거나, 이공계를 전공한 학생들에게 인문학적 소양을 교육시키는 사례가 늘고 있다. 또한 연구에 있어서도 서로 다른 분야가 결합해 전혀 새로운 길을 만들어 내기도 한다. 여기서 핵심은 기초와 기초가 만난다는 사실이다.

내가 가지고 있는 '기초'는 무엇인지 되새겨 보길 바란다. 그리고 그 '기초'가 어떻게 사용될지 기대하기 바란다. 전자공학과 공대생이었던 내가 항공우주공학으로 튀었다가 의공학, 로봇을 연구하게 될지 당시 누가 알았겠는가? 내가 가진 기초가 튼튼하면 된다. 이렇게 다양한 길이 열려 있는 이공학을, 이렇게 매력적인 이공학을 그래도 피하겠는가?

천재인가? 아니라면 무조건 성실하라

아무리 서울대생이라도 놀기 좋아하는 것은 여느 청년들과 다를 바 없었다. 우리 과도 마찬가지였다. 시간이 흐를수록 놀면서 공부하는 '놀공파'와 오로지 공부만 하는 '오공파'로 나뉘었다. 원하던 학과에 합격했기에 나도 2학년부터는 놀공파 쪽으로 몸과 마음이 기울었다. 그동안 꾸준히 해 온 공대 테니스부 회장으로 선출되기도 했는데 선배와의 모임 및 친선경기 등을 주도하면서 더 많은 사람들과 다양한 활동을 하는 데 푹 빠져 살았다.

하지만 그런 '놀공파'로 기운 이후에도 학업을 놓치지 않을 수 있었던 건 '수다' 덕분이었다. 수업이 끝나면 친한 친구들끼리 모여 그날 수업 내용에 대한 토론을 벌이곤 했는데, 수업 내용을 가장 잘 이해한 친구가 다시 한 번 수업 내용을 설명해 주면 다른 친구들이 내용을 덧붙여 가는 식이었다. 이런 방식은 수업에서 이해가 부족한 부분을 명확히 짚고 넘어가는 데 무엇보다 큰 도움이 되었다. 어려운 문제는 과정이 이해될 때까지 친구들을 붙잡고 집요하게 파고들었다.

인간은 죽을 때까지 공부해야 한다는 것이 나의 신념이다. 보편적 평균을 뛰어넘는 천재의 비범함을 가진 사람이 아니라면 그에게 필요한 것은 절대적인 성실함이다. 아무리 뛰어난 천재도 평범한 이의 부지런함을 이길 수 없다. 성실해지기 위해서는 '초심'을 잃지 않아야 한다. 나에게 지금 가장 필요한 것이 무엇인지, 어디에 집중해야 하는지 잊지 않는 마음이다.

4학년에 올라와서는 서울대학교병원 의공학과 인턴 연구원으로 일할 수 있는 기회를 얻게 되었다. 사실 의공학이라는 분야에 대해서는 아는 것이 전무했다. 하지만 인턴 연구원의 시작은 이후의 인생을 뒤흔드는 첫발이 됐다. 전자공학과를 졸업하고 당시에는 인기가 별로 없었던 의공학도의 길로 접어든 건 소년 시절의 꿈, '600만 불의 사나이'를 만들겠다는 꿈도 한몫했을 것이다. 그러나 인턴 연구원 과정에 참여하며 다양한 실험을 접하게 되자 의공학의 기초가 되는 제어, 항법 분야에 직접적인 관심을 갖게 되었고 이것이 본격적으로 의공학에의 도전에 불을 붙인 계기였다.

사실 석사과정을 의공학 전공으로 정하고 나자 친구와 가족들의 반대가 대단했다. "들어가느라 고생했고 잘나가는 전자공학과를 왜 버리고 불모지나 다름없는 제어계측공학과의 의공학을 전공하려 하느냐"는 얘기였다. 그 과를 나와 봐야 취업 자리도 없을 것이라는 말도 들었다. 인기 학과를 골라 가야지 왜 엉뚱하게 제어계측공학이냐고 비웃는 친구도 있었다. 나 외에 의공학 전공을 결정한 친구들 중 몇 명은 "혹시 알아? 의공학을 공부하면 공대생인 내가 의대 교수가 될지도?"라고 말하기도 했지만, 나를 비롯해 아무도 그런 전망을 믿지 않았다.

하지만 지금, 나는 재밌게도 서울대학교 의과대학 교수의 신분으로 학생들을 가르치고 있다. 공대생이었던 내가 의대 교수가 된 것이다. 지금 당장 인기 있는 학과가 아니라고 해서 10년, 20년 후에도 그러리란 법은 없다. 반대로 지금 인기가 있다 해서 평생 인기 절정의 직업이 되리라는 보장도 없다. 세상은 끝없이 변하기 때문에 꾸지 못할 꿈이란 없다.

🚀 **CHAPTER 4**

'지금, 바로 여기에서' 최선을 다하라

의공학에 대한 관심과 열정은 대학원에 진학해서도 계속 이어졌다. 학부 4학년 때부터 시작한 서울대학병원 의공학과의 인턴 연구원 생활을 대학원에 진학해서도 계속한 것이다. 그 덕에 서울대 대학원 제어계측공학의 석사과정과 서울대학병원 의공학과 연구원이라는 '이중생활'이 시작되었다. 당시만 해도 국내 대학원이 요즘처럼 왕성하게 프로젝트나 연구 활동을 수행할 때가 아니어서 가능한 일이었다. 내가 연구원으로 참여한 의공학과 역시 '인공심장 개발'을 포함한 몇 가지 핵심 프로젝트만 수행하고 있었다.

대학원 수업은 일주일에 두 번, 화요일·목요일 오후에 서울대 관악 캠퍼스에서 있었다. 반면 토요일을 포함한 나머지 요일은 종로구에 위치한 서울대병원 11층과 12층에서 의공학과 연구에 전념했다.

지도 교수님이 매일 오전 8시부터 세미나를 직접 주관했기에 오후 7시까지 하루 11시간을 꼬박 의공학과 연구실에서 연구와 개발에 몰두할 수밖에 없었다.

세상에 쓸모없는 지식은 없다

사람들은 당장 어딘가에 사용할 수 있는 지식이나 연구를 높게 평가한다. '실용'이라는 이름으로 말이다. 특히 우리나라에서 기초과학이나 인문학이 인기 없는 이유가 여기에 있다고 본다. 요즘 많이 달라졌다고는 하지만 여전히 기초 학문에 대한 관심은 취미 수준에 머물러 있다. 대학에서의 전공 선택만 해도 이른바 '사'자 직업을 위한 과나 취업이 잘되는 학과에 지원하는 경우가 흔하다.

의공학과 연구원으로 일할 당시 내가 참여한 프로젝트 중 하나는 인공심장 개발이었다. 처음에는 말로만 듣던 인공심장을 개발한다는 것, 내가 이런 대형 프로젝트에 참여했다는 사실에 우쭐했다. 하지만 얼마 후에 알게 된 현실은 그리 밝지 않았다. 인공심장은 개발 자체도 상당히 어렵지만 특히 생명과 직접 관련이 있어서 임상 적용이 거의 불가능했다. 그 당시 개발 중이었던 인공심장의 크기는 상당히 큰 편이어서 몸 밖에 달고 다니는 형태였다. '과연 누가 임상 시험에 응할까?' '언제 소형화가 될까?' '기술적인 면은 그렇다 치더라도 유교사상이 뿌리 깊은 우리나라에서 과연 부모에게서 물려받은 장기를 잘라내고 기계로 된 심장으로 대체할 사람이 있을까?' 등의 많은 생각이 들 수밖에 없었다.

지금처럼 의공학이 각광받기 이전이었기 때문에 연구 분야가 다양하지 못했고, 인공으로 장기를 만든다는 사실이 아직은 낯설 때였다. 그러다 보니 '이런 쓸모없는 연구를 왜 하고 있지'라는 생각이 든 적도 있다. 하지만 일단 시작한 일을 마무리 짓자는 각오로 임했고 그 결과 그 연구로 미국 특허의 공동발명자로 등록되었다.

이후부터 지금까지도 "석사과정 학생으로 미국 특허 등록에 참여하셨네요"라는 멘트가 꼬리표처럼 붙어 다녔고, 미국에서 직장을 구할 때도 일조했다. 물론 지금의 인공심장은 그 형태가 다르다. 지난 30여 년간 놀라운 과학기술 및 의학의 발전으로 심장의 역할을 대신하는 인공심폐기 즉 혈액펌프에 대한 연구가 끊임없이 진행되어 일부 실용화 단계까지 진입했다. 30년 전인 당시만 해도 꿈같은 일이었다.

세상에 어떠한 지식이나 연구도 쓸모없는 것은 없다. 그 당시에는 고철로 만든 로봇에 인간의 심장을 달아 주는 만화영화 같은 일들이 이제는 조금씩 현실화되고 있다. 600만 불의 사나이를 만들어 내겠다는 '소년 김 박사'는 대학원 전공 과정과 연구원 과정을 통해 이 연구의 실체에 한 발짝 다가갈 수 있었으며, 어느 이론이 현실에 적용

가능한지 아닌지를 마음껏 실험해 볼 수 있었다. 연구 및 실험 자체의 어려움에 지쳐 어릴 적 꿈을 꿈으로만 남겨 두었다면, 그래서 당장 써먹을 수 있는 실용적 연구에만 몰두했다면 오늘의 나는 존재하지 않았을 것이다. 인공장기가 당장 필요 없는 연구라 여겼다면 인류가 우주로 진출할 것이라는 꿈도 그야말로 만화영화 속 또 다른 공상에 그쳤을 테니까 말이다.

세상에 가치 없는 만남은 없다

연구원 당시 내가 참여한 또 다른 프로젝트는 신경외과에서 의뢰한 것으로, 뇌파를 측정해 신호를 데이터로 처리하는 기기를 개발하는 것이었다. 의공학에서 개발되는 모든 기계나 방법은 사람에게 적용되지만 인체에 임상을 할 수 없으므로 동물을 대상으로 실험이 이루어진다. 당시 이 프로젝트를 위해 고양이를 실험 대상으로 삼았는데, 30회 이상 반복되는 과정에 고양이들에게 미안한 마음이 들 정도였다.

지금은 과학을 전공하지 않은 사람들도 워낙 많은 정보를 알고 있기 때문에 이러한 프로젝트에 대한 필요성을 이해하지만, 그 당시만 해도 그게 무슨 실험인지, 왜 그러한 일을 하는지 이해하지 못했다. 반복되는 실험에 지루하기도 했지만 이 프로젝트에 대한 중요성을 알기에 집중하지 않을 수 없었다.

　세월이 흘러 2009년, 서울대에서 임용 최종 면접을 보던 날이었다. 그 당시 면접에서 이런 질문을 받았다. "공학박사로서 의과대학 교수님들과 어떤 융합 연구를 진행할 계획입니까?" 나는 거의 반사적으로 연구원 시절에 신경외과에서 의뢰받아 진행한 임상 실험을 예를 들어 설명하면서 그 당시 연구를 의뢰하였던 신경외과의 담당 교수님을 언급했다. 그런데 놀랍게도 면접위원 중 한 분이 바로 그 교수님이었다. 시간이 오래 지나기도 했거니와 많은 분이 앉아 계셔서 미처 알아보지 못했던 것이다.

　만약 내가 연구원 시절에 임상 실험을 소홀히 했다면, '머리는 좋은데 이 분야에 관심도 없고 성실하게 연구하지 않는 친구' 정도로 그분에게 기억되었다면 어땠을까 하는 생각이 뇌리를 스치고 지나갔다. 서울대에 임용된 직후에 그 교수님은 서울대병원 원장으로 부임하셨으니 나와의 두 번째 인연이 이렇게 시작된 것이다.

　삶을 살다 보면 짧은 순간의 만남이 인연으로 이어지기도 한다. 그때마다 느끼는 점은, 지금 당장 주어진 일에 최선을 다하지 않는 사람은 그 어떤 기회도 얻을 수 없다는 사실이다. 성실하게 노력하는 것은 보람과 동시에 타인으로부터의 인정이라는 열매를 가져다주게 마련이다. 대학원생이라고 하면 학교도 자주 나가지 않고 대충 논문만 쓰면 되는 줄 아는 사람들이 있다. 하지만 전혀 그렇지 않다. 중·고등학교와 대학교 4년 동안 공부했던 것 이상으로 열심히 공부해야 한다. 대신 그러한 수고의 과정들이 어떻게든 사용될 것이라는 믿음이 있기에 모두들 그 시간을 꿋꿋하게 지나고 있는 것이다.

아내와 내가 처음 만나 사귀기 시작한 것도 대학원 때였는데 한창 놀러 다니고 싶고 데이트하고 싶은 청춘이었지만 공부하고 연구하느라 도통 데이트 시간을 내기 어려울 정도였다. 간신히 시간을 내 아내를 만나도 대개는 두 시간 안팎의 짧은 시간 동안 밥을 먹거나 커피를 마시는 것이 전부였다.

연구가 본격적으로 진행되어 바빴던 1986년 한 해 동안 내게 주어진 휴가는 단 사흘뿐이었으니 이 사흘을 석 달처럼 쓰기 위해 놀이동산, 테니스, 볼링, 영화 등 그간 못다 한 데이트를 몰아서 했던 기억이 난다. 이동하는 시간도 아까워 발을 동동거렸던 기억은 지금도 우리 부부에게 좋은 추억이자 두고두고 이야깃거리가 되고 있다.

🚀 **CHAPTER 5**

'어디에서 하느냐'보다 '무엇을 하느냐'다

치열하게 연구하고 공부하던 그때 나는 미국으로 떠날 것이냐, 한국에 남을 것이냐를 결정해야 하는 새로운 고민을 안게 됐다. 미국에 사는 누님이 부모님을 초청한 상황이었고, 당시 형님도 오하이오 주립대학에서 박사과정을 밟고 있을 때였다. 부모님은 가족이 뿔뿔이 흩어져 지내는 것보다 함께 사는 것이 좋다고 판단해 아예 나까지 함께 떠나는 이민을 계획한 것이었다. 나로서는 당황스러운 제안이 아닐 수 없었다.

원래 계획대로 서울대학교에서 의공학 전공으로 박사까지 마칠지, 아니면 부모님을 따라가 미국에서 박사를 마칠지에 대해 고민하기 시작했다. 지금은 조금 덜하지만 그때만 해도 공대생은 물론 모든 대학생들에게 미국은 꿈의 나라였다. 당연히 유학도 대부분 미국으로 갔다. 친한 친구들 중 이미 미국으로 떠난 경우도 적지 않았다. 몇 달 동안 고민한 끝에 떠나기로 결정을 내렸다. 석사과정까지 마친 후 미국으로 건너가 박사과정을 밟기로 한 것이었다.

멀고 높고 좁은 길을 택하라

미국으로 떠난다는 결론을 내리고 나서도 해결해야 할 문제는 쏟아졌다. 이민을 신청하고 떠나는 것이었지만 군대는 다녀와야 할 것 같았다. 마음먹기 따라서는 미국 영주권이 나올 때까지 병역을 연기해 군 복무를 피할 수 있었을지도 모른다. 그럼에도 불구하고 나는 군 복무를 마치고 싶었다. 육군 대령 출신의 아버지와 육군 소위로 전역한 형의 영향은 나에게도 '군 복무=의무'라는 공식을 만들었다. 결국 난 이민 신청을 한 뒤인 1987년 8월 석사장교로 입대해 육군 소위로 군 복무를 마친 후 비로소 미국행 비행기에 몸을 실었다.

내가 결심만 하면 해결되는 군대 문제와는 또 다른 문제도 있었다. 이제 막 사랑을 시작한 아내와의 관계였다. 미국으로 가면 언제 돌아올지 모르는 상황이었다. 다행히 아내도 유학에 긍정적인 반응을 보여 이 문제는 쉽게 해결된 것 같다.

나는 평탄하고 넓은 길보다는 힘들고 조금 더 노력해야 하는 길을 골라서 살아온 것 같다. 한국에서도 마칠 수 있는 공부를 뒤늦게 이민이라는 복잡한 과정까지 거치며 끝마쳤고, 대학원 공부로도 힘들지만 연구원 생활을 병행했다. 피할 수 있었던 군대까지 굳이 입대해 국방의 의무를 마쳤다. 심지어 군 제대 후 미국으로 떠나기까지 6개월의 휴식기에도 무작정 쉬지 않았다. 일자리를 알아본 끝에 소프트웨어를 개발하는 중소기업에 수석 프로그래머로 취직해 한강 수위를 조절하는 프로그램을 개발했다. 생각해 보면 평생 한시도 일 안 하며 편히 지낸 날이 없었다.

멀고 높고 좁은 길, 나는 이 길이 감사하다. 멀리 돌아간 만큼 많은 것을 보았고 남들이 힘들어 피한 높은 곳에 나만의 발자국을 찍는 짜릿함을 느꼈다. 좁은 틈을 간신히 빠져나가게 되면 그만큼 성취감이 컸다.

지금 청춘들은 포기가 빠르다. 어려운 현실에 부딪치는 것을 한없이 겁낸다. 취업이 힘들어 대학문 밖으로 나가는 것을 두려워하니 졸업하지 않고 계속 학교에 머무는 대학 5학년, 6학년이라는 말이 유행어처럼 돈다. 물론 그들의 현실이 내가 경험한 당시보다 더 혹독할 수 있다. 그러나 인류의 역사에서 '지금이 가장 나쁘다'라고 말하지 않은 시기는 단 한순간도 없었다. 언제나 경기는 안 좋았고, 언제나 장사는 힘들었으며, 언제나 취업문은 좁았다.

'힐링'이 난무하는 세상이다. 많은 사람들이 재충전할 시간이 필요하다고 말한다. 건강한 마음을 가지고자 하는 의지는 중요하다. 그러나 그건 시간의 문제가 아니다. 나는 재충전의 시간이 필요하다는 청춘들에게 이런 말을 전하고 싶다. "시간은 당신을 위해 기다려 주지 않는다(Time does not wait for you)."

지금 우리의 두 발이 어디에 놓여 있는지 확인해 보자. 내 발이 움직이지 않으면, 내 몸이 움직이지 않으면, 세상이 나를 조종하게 될 것이다. 용기 내어 두 발을 떼라. 멀고 높고 좁은 길에 바로 당신이 찾는 답이 있을 것이다.

차근차근 조심조심, 갓난아기 공부법

1988년 8월, UCLA 박사과정 합격 통지서를 들고 보잉 747 비행기에 몸을 실었다. 이민 길이었기 때문에 손에 쥔 비행기 표도 편도 한 장뿐이었다. '다시는 한국에 돌아오지 못할지도 모른다'는 생각이 들자 서운함이 왈칵 밀려들었던 기억이 난다.

'천사의 땅'이라 불리는 미국 캘리포니아 주 로스앤젤레스. LA공항에 도착하자 긴장감은 의연한 각오로 바뀌었다. TV에서만 보던 세계 최고의 부자 나라 미국, 지구를 박차듯 우주로 향하던 우주왕복선 컬럼비아호의 나라, 전 세계를 열광하게 만든 드라마 "600만 불의 사나이"를 탄생시킨 곳. '여기서 더 많이 배우고, 그것을 내 나라에서 펼칠 수 있도록 최선을 다하겠다'는 다짐이 절로 들었다. 이래서 외국에 나가면 누구나 애국자가 된다고 하나 보다.

하지만 이때까지만 해도 내가 항공우주 분야를 연구하게 줄은 상상도 못했다. 그저 400여 명을 태운 비행기가 거침없이 하늘로 떠오르더니 열 시간 넘게 날아왔다는 사실이 신기하기만 했다. 그때 탄 비행기 기종도 보잉이었는데, 그 비행기를 만든 보잉사가 훗날 나의 직장 중 한 곳이 되리라는 것 또한 짐작도 못 했다.

미국 생활의 시작은 고난의 연속이었다. LA에 아무리 한인이 많다고 해도 미국은 미국이었다. 친구가 미리 알아봐 준 아파트로 이동해 계약서를 작성하면서부터 당장 부족한 영어 실력이 드러나기 시작했다. 한국에서 열심히 배운 영어는 현장에서 살아가는 데 그다지 도움이 되지 않았다. 당시는 지금처럼 말하기와 듣기를 따로 가르치던 때가 아니었다. 문법과 작문, 성적에 치중한 영어 교육이 얼마나 허망한 것인가를 미국 땅에 발을 디디자마자 여실히 깨달은 것이다.

UCLA에서의 첫 학기 강의는 지금도 생생하게 기억난다. 부족한 영어 실력 탓에 수업 시간 내내 교수님이 도대체 무슨 말을 하는 건지 알아들을 수가 없었다. 숙제를 내준 듯했는데 그게 뭔지 도무지 감이 안 왔고, 그런 생활이 몇 주간이나 이어졌다. 숙제를 내줬다는 건 알겠고, 어떤 내용인지는 모르겠으니 답답한 마음에 교재에 나오는 모든 문제를 풀어서 가져가기도 했다.

영어는 물론 일거수일투족을 모두 새롭게 시작해야 했던 미국에서의 생활은 내 인생의 놀라운 반전을 가져다주었다. 초등학교에 들어가기 전부터 '공부 잘하는 아이'라는 주위의 칭찬에 나도 모르게 몸에 배어 있던 '으쓱함'을 모두 내려놓아야 했다. 학창 시절 수재, 테니스 영재, 서울대 0.05% 인재라는 타이틀은 아무도 알아주지 않았다. 나는 아무것도 그려지지 않은 백지 위를 맨발로 기어 다니는 어린아이에 다름없었다.

새로운 환경에 놓인 사람은 이때 자신의 자세를 철저히 낮출 필요가 있다. 지금부터 나는 모든 것을 새로 배울, 새로 배워야 할 갓난아이라는 자세로 돌아가야 한다는 말이다. 영어를 제대로 알아듣지 못하고 남들보다 몇 배의 시간을 책과 씨름하며 숙제를 해 가야 했지만 덕분에 나는 다른 친구들보다 많은 내용을 미리 공부할 수 있었고 줄줄 외울 만큼 이해할 수 있었다. 그런 나의 '무모한' 성실을 높이 산 교수님으로부터는 이후 '무한한' 신뢰를 받기도 했다.

문제 앞에서 우리는 피하고 돌아갈 필요가 없다. 내게 닥친 상황이라면 받아들이고 그 문제와 함께 살아갈 방법을 찾으면 된다. 다가올 문제는 무서운 것이 아니라 궁금한 것으로 여겨야 한다. 언제 어디서나 어린아이의 호기심으로 덤벼야 한다는 것, 어린아이처럼 순수하고 의심 없이 파고들 때 성과를 거둔다는 것을 잊지 말아야 할 것이다.

1% 호기심, 꿈을 쏘는 힘

Part 4
궤도진입

버티는 힘, 오기가 필요하다

INTO ORBIT

 **CHAPTER 1**
필요는 필연을 낳는다

　내인생의 터닝 포인트, NASA와의 인연이 어떻게 처음 시작되었느냐는 질문을 많이 받는다. NASA라는 이름은 평범한 사람들, 아니 공학도나 항공우주과학을 연구하는 사람들 사이에서도 접근하기 쉽지 않은 동경 대상임이 분명하기 때문이다. 게다가 이제껏 말해 온 대로 그때까지의 내 전공은 600만 불의 사나이를 만들고 싶다는 꿈에 바탕을 둔 전자공학과 의공학이었다. 그런 내가 어떻게 전공과는 전혀 다른 분야, 우주 연구에 나서게 되었는지 많은 사람들이 궁금해한다.

　내가 NASA라는 곳을 처음 머릿속에 각인시키게 된 때는 앞서 이야기한 것처럼 암스트롱의 달 착륙 때였다. NASA 로고가 선명히 박힌 달 착륙선이 TV 화면을 가득 채운 기억이 아직도 눈에 생생하다.

그때는 겨우 여덟 살밖에 안 된 꼬마였지만 인류의 달 착륙은 내가 아닌 우리 세대 누구라도 가지고 있을, 조금은 보편적 추억일 것이다. NASA가 바로 내 인생의, 내 생활의 일부로 마침내 다가온 것은 미국 유학 직후였다.

장학금이 맺어 준 NASA와의 첫 인연

타국에서 공부하다 보면 많은 어려움이 따른다. 언어의 어려움이나 학업을 따라가는 문제만이 아니다. 그동안 내가 살아온 터전을 떠나 새로운 곳에 정착해야 하기에 생활비 등 경제적인 문제도 컸다. 외국인 유학생의 경우 대학 등록금도 어마어마한 수준이었다. 그래도 미국 대학의 좋은 점은 여러 가지 장학금 제도가 많이 있다는 것이다. 나 역시 고민 끝에 지도 교수님에게 장학금과 관련한 상담을 신청했다.

나의 전공은 자동제어였다. 자동제어는 쉽게 말해 일정한 수치를 지정해 놓고 그 수치를 넘지 않도록 자동으로 조절하게 만드는 것이다. 에어컨의 적정 온도를 20도로 지정해 놓으면 설정 수치에 맞게 자동으로 실내 온도를 조절하게 되는데, 이렇게 미리 입력해 둔 목표치를 자동으로 맞추는 것이 바로 자동제어다. 교수님은 내 요청에 서류와 프로필, 현재의 연구 과정 등을 살펴보더니 당시 집중하고 있던 프로젝트인 자동제어 분야로 장학금을 신청해 보자고 하셨다. 그리고 꺼낸 단어가 바로 'NASA'였다.

"전공이 자동제어인 것이 딱 적합하네. NASA에서 진행하는 연구가 있는데, 항공우주 분야에 관심이 있다면 해 볼 텐가. NASA로부터 승인을 받아 항공우주 관련 연구를 함께하면 장학금을 받을 수 있고 이걸 통해 학업을 이어 갈 수도 있을 걸세."

뜻밖이었다. 미국 대학에 장학금을 지원하는 연구가 굉장히 다양하고 많다고는 들었지만 나에게 NASA와 관련한 장학금을 받을 기회가 생길 것이라고는 예상하지 못했다. 항공우주과학은 다양한 분야가 종합되어 있는데 '제어' 부분도 그 일부였다. 나는 항공우주 분야에는 문외한이었지만 나의 전공을 살려 NASA와 함께할 수 있었고, 이것이 NASA와의 직접적인 만남의 계기가 되었다. 생소한 분야에 대한 두려움도 있었지만 장학금이라는 현실적인 문제 해결과 NASA라는 오랜 꿈 앞에 기쁘지 않을 수 없었다.

이렇게 NASA로부터 받은 연구를 병행하던 중 지도 교수님으로부터 우주왕복선(Space Shuttle)의 착륙 장면을 참관할 수 있는 초대장을 받았다. 동료 연구원 두 명과 함께 캘리포니아 주 랭커스터 시 부근에 있는 NASA 드라이든 비행연구센터(NASA Dryden Flight Center)를 방문할 수 있었다. 우주왕복선 착륙 장면은 오랜 시간을 기다려 아주 먼발치에서 지켜봤는데, 우주선이 허공에서 나타나 마침내 착륙하는 장면을 눈으로 볼 수 있는 시간은 겨우 몇 초에 불과했다.

우주왕복선이 착륙할 때는 음속폭음(sonic boom)이라는 굉음이 들린다. 이는 초음속 전투기가 음속을 돌파할 때 나는 소리인데, 그 충격파는 매우 강했다. 온몸으로 느껴지는 파동에 놀랍고 신기했다. 기다린 시간이 너무 길었던 데 비해 착륙 시간은 너무 짧아서였는지 약간 싱겁게 끝난 듯했지만, 그 경험이 우주왕복선의 착륙 장면을 처음이자 마지막으로 직접 본 기회였다.

순식간이었지만 그날의 가슴 뭉클했던 기억은 지금도 잊을 수가 없다. '인간이 정말 해낼 수 있는 일이었구나!'라는 생각이 들면서 그날 이후로 항공우주와 관련한 공부는 '거의 무조건적'으로 팠던 것 같다. NASA와 인연을 맺게 된 것이 얼마나 멋진 일인지, 처음으로 가슴 깊이 느껴지기도 했다.

그렇게 NASA와 나의 인연은 시작되었다. 장학금을 타야 한다는 '필요'에 의해 만났지만 내 꿈을 새로운 분야에서 펼쳐 보일 수 있는 '필연'으로 다가왔다. 다른 장학금 제도를 더 고민해 볼 수도 있었을 텐데 첫 제안에 덜컥 '예스'라 말한 것도 운명이 아니었을까. 솔직히 세계에서 내로라하는 수재들만 모여 있는 UCLA에서 학교 공부와 NASA 연구를 병행한다는 것은 절대 쉽지 않은 일이었다. 게다가 나는 여전히 언어와 문화에 낯선 이방인이었다.

문제 하나에 미치도록 파고든 적이 있는가

학업과 연구, NASA 프로젝트까지 병행하며 고난의 나날을 보내던 어느 날이었다. 대학원에서 처음으로 팀별 숙제가 주어졌다. 당시 한국 학생들은 컴퓨터를 쓰지 않았기 때문에 대부분 자신의 머리로 수학 문제를 풀 수밖에 없었다. 마침 교수님이 무척이나 까다로운 수식을 내주어서 나는 일주일을 꼬박 고민하며 있는 머리 없는 머리를 짜내 문제를 풀어 갔다. 그런데 대부분의 학생들은 여러 방법으로 시도하다 포기하거나, 컴퓨터를 이용해서 근사식으로 문제를 풀어 왔다. 수십 장에 달하는 수식 풀이를, 그것도 일일이 손으로 풀어서 가져온 사람은 나뿐이었다.

"Are you crazy?(너 제 정신이야?)"

곁에 있던 친구의 말에 우르르 동기들이 몰려들었고 다들 머리를 내저었다. 하지만 교수님은 내가 내놓은 답을 떠나 문제를 풀기 위해 노력한 흔적과 노력에 높은 점수를 주었다. 이때의 '사건'을 시작으로 동기들도 나를 다시 보는 것 같았다. 또한 나처럼 해 보고 싶다며 이후로는 쉽게 포기하지 않고 어떻게든 문제를 풀어 오려는 분위기가 자리 잡았다.

UCLA에서 공부하며 가장 인상 깊었던 것은 면학 분위기였다. 한국의 대학처럼 강의가 끝나면 곧장 집으로 가는 것이 아니라 거의 대부분이 도서관에 자리를 잡고 공부했다. 물론 요즘은 한국의 대학생들도 도서관에서 열심히 공부하지만, 취업을 준비하는 경우가 많다는 것이 미국과는 다른 모습일 것이다. UCLA 도서관에도 취업 공부하는 학생들이 있기는 하지만, 대부분 자신의 커리어가 될 수 있는 공부를 한다. 여기서 말하는 커리어란 취업만을 목적으로 하는 것이 아니다. 철학, 인문학을 비롯해 전공과 연계된 다양한 분야의 학문을 스스로 찾아 공부한다는 의미다.

인터넷만 검색해 쉽게 찾은 정보로 공부하는 모습도 찾기 힘들다. 인터넷은 물론 고서적을 뒤지고 직접 연구소 여기저기를 돌아다니며 자료를 찾아 하나의 과제를 완성한다. 이런 과정은 학문을 하는 데 큰 도움이 되는 방법이다. 물론 시간에 늘 쫓기는 것이 사실이고, 잠자는 시간과 먹는 시간을 쪼개 가며 공부해야 비로소 학업을 마치게 된다.

수학 문제를 예로 들어 보자. 문제가 잘 풀리지 않는다고 바로 해설서를 보면 궁금증은 풀리지만, 다음에 비슷한 문제가 나왔을 때 역시 풀지 못했던 경험이 있을 것이다. 하지만 끝까지 해설서를 보지 않고 온갖 방법을 동원해 푼 문제는 어떤 상황에서도 자신 있게 풀어 갈 수 있다. 조금 돌아가더라도 내가 할 수 있는 방법을 총동원해서 해답을 얻을 때 큰 성취감과 동시에 학업의 즐거움을 얻을 수 있다.

또 하나 우리와 다른 문화는, 혼자 끙끙 앓기보다 친구들과 이런저런 상의를 하거나 토론하는 일이 다반사라는 것이다. 수학 문제라고 해서 혼자 머리를 싸매고 풀어야 한다는 편견은 버리는 것이 좋다. 한 가지 문제를 가지고 토론을 벌이다 보면 다른 사람들의 풀이 방식을 배울 수도 있고, 자기 풀이 방식의 문제점도 알 수 있기 때문이다.

 나 역시 누군가와의 대화를 통한 공부에서 얻을 것이 많다고 생각하는 편이다. 자신의 지금 상태에서 조금 더 나아가고 싶다면 좋은 교재를 친구들과 함께 나누며 다른 이들은 어떻게 생각하고 어떻게 이해하는지 그 과정까지 배우는 것이 훨씬 현명한 길이다.

 모든 학문은 단 하나의 정답을 구하는 것이 아니다. 또 위대한 발견은 남들이 하지 않은 것에서 시작되며, 남들이 하지 않은 생각은 남과 공유하고 토론하는 과정 속에서 태어난다고 믿는다. '유레카'를 외치고 싶다면 당장 옆에 있는 친구와 함께 공부하고 논의하고 해답을 구해 보자.

🚀 **CHAPTER 2**
땀은 거짓말하지 않는다

함께 공부하는 친구가 됐건, 가르침을 주는 교수님이 됐건 자유롭게 커뮤니케이션할 수 있는 분위기가 자리 잡았다는 건 미국이란 나라가 가진 큰 장점 중 하나다. 일례로 미국의 대학 교수들은 대부분 청바지에 면티를 입고 다닌다. 넥타이를 하는 경우를 찾기 어려울 정도다. 학생들과도 격의 없이 잘 어울린다. 한국은 많은 교수들이 정장을 입고 다닌다. 나도 서울대행을 결정한 후 급하게 아울렛에 들러 양복, 넥타이, 와이셔츠, 구두 등을 한꺼번에 구입하느라 바빴다.

UCLA 재학 당시 지도 교수님 댁에 초대받았을 때가 기억난다. 학교에서와는 달리 교수님들끼리 서로 이름을 친근하게 부르는 것 아닌가. 한국처럼 '김 교수' '이 교수'를 찾지 않는 풍경이 매우 인상적이면서도 자유로운 분위기가 좋아 보였다. 그 영향인지 나도 한국에 온 후에는 농담 반 진담 반으로 "저는 오후 6시까지만 교수입니다. 그 이후로는 그냥 사람입니다"라고 말한다. 동료와 주변 사람들과 허물없이 어울리려는 노력의 일환이다.

증명의 기쁨, 학문의 즐거움

UCLA 재학 당시 가장 중요한 경험 중 하나를 꼽으라면 인도계 미국인 수학자인 발라크리슈난(A. Balakrishnan) 교수와의 만남이다. 수학자들의 특징은 모든 현상을 '증명'하려는 데 있다. 박사과정 당시 지도 교수였던 이 분은 모든 문제에 "Prove it!(증명해 봐)"을 외쳤다. 처음에는 이 요구가 어렵게만 느껴져 당황스러웠던 경우가 한두 번이 아니었다. 나만 그런 것이 아닌 것이 그나마 다행이랄까. 수업 시간에 누군가 발표가 끝나면 학생들은 단체로 합창하듯 "Prove it!"을 외치곤 했다.

하지만 내게는 교수님의 그 깐깐함이 무엇보다 도움이 됐다. 덕분에 수학 수업 외에도 모든 수업과 연구에서 '내가 이것을 증명할 수 있는지'부터 늘 고민하게 됐기 때문이다. 한번은 교수님 댁에 초대를 받아 저녁식사를 하던 중에 사모님으로부터 "I don't like to keep hearing 'Prove it!'(나는 '증명해 봐'라는 말을 계속 듣는 것이 싫다)"는 말을 들고 모든 참석자가 박장대소했던 적도 있다.

　실생활에서도 이처럼 "증명하라"를 외칠 정도니 논리나 현상의 증명에 대한 그분의 집착이 얼마나 큰지 알 수 있을 것이다. 교수님의 영향 때문인지 나 역시 점점 더 '증명하지 못한 것은 믿지 않는 사람'으로 변해 가고 있었다. 동료와 제자들에게도 습관처럼 "증명해 봐"라고 말하기 시작했다.

　박사과정에서 배우는 수학의 난이도는 정말 굉장했다. 하나의 문제를 가지고 한 달을 끼고 앉아 고민하기도 했고, 한 학기 동안 교재 열 페이지도 안 되는 분량을 공부했던 걸로 기억한다. 심지어 '도대체 이런 걸 왜 배우지? 이걸 어디다 써먹지?' 하는 생각까지 들었다. 그러나 지금 와서 보니 그때가 학문의 가장 중요한 요소, 즉 기본과 기초를 탄탄히 다지는 소중한 시절이었다.

　박사과정에 있는 동안 지도 교수님이 자주한 질문은 "What is 1 plus 1?(일 더하기 일은 무엇이냐)"이었는데 대부분 학생은 "2"라고 대답했다. 대답이 나오자마자 교수님은 책상을 치고 일어서며 "Are you sure?(확실해?)" "Why?(왜지)" "Can you prove it?(증명할 수 있겠어?)" 같은 질문을 연속해서 던졌다. 아무리 준비를 꼼꼼히 한 학생이라도 세계적으로 명성 있는 수학자들이 이런 질문을 던지면 긴장하고 위축될 수밖에 없다. 당연한 답도 그들이 질문하면 흔들릴 수밖에 없지만, 그럼에도 증명하고 자신의 생각을 관철하는 것이 중요하다는 것을 배운 기회다.

끝나지 않는 승부는 없다

　UCLA에서 박사학위를 받기 위해서는 네 가지 시험을 통과해야 했다. 가장 먼저 보는 것이 필기시험인데 아마 고등학교 이후로 그렇게 열심히 공부한 적은 없었던 것 같다. 밥 먹고 공부하고 밥 먹고 공부하는 생활의 연속이었다. 그렇게 꼬박 석 달 동안 시험 준비를 했는데, 이때 풀어서 정리한 자료를 지금도 보관하고 있을 정도로 열정적으로 공부했다.

　두 번째는 구술시험이다. 주 전공 과목과 부 전공 두 과목 총 세 분야의 시험으로, 다섯 명의 교수님이 평가위원으로 참여해 질문을 한다. 이를 위해서는 꼬박 넉 달을 준비했다. 심지어 영어 발음까지 오류가 없도록 단단히 연습하고 또 연습했다.

　세 번째는 논문 예비 심사다. 지도 교수와 함께 박사학위 논문 주제를 정하고 다섯 명의 논문 심사위원 앞에서 논문 진행에 관해 상의하는 단계다. 논문 주제는 "비행기가 비행 중 갑자기 잘못되었을 때도 어느 정도는 계속 비행할 수 있는 방안에 대한 연구"였고 이 문제를 위해 6개월을 쉬지 않고 연구에 연구를 거듭했다.

　마지막 시험은 '최종 방어'라고 불리는 논문 최종 심사다. 논문 작성은 예상했던 것처럼 쉽지 않았다. 특히 '최소 시간 감지(Minimal Time Detection, 이상 현상을 최적 시간에 감지하는 것)'를 수학적으로 증명하는 작업이 어려웠고 오랜 노력 끝에 교수님들로부터 "흥미로운 논문"이라는 평을 듣고 만장일치로 합격했다.

논문 최종 심사에 이르기까지 어느 것 하나 쉬운 과정은 없었다. 지금 생각해 봐도 '비행기가 비행 중 갑자기 잘못되었을 때도 어느 정도 계속 비행할 수 있는 방안 연구'라는 주제는 말이 쉽지 정말로 어렵다. 그야말로 머리를 쥐어짜내듯 생각하고 연구했다. 그런데 이렇게 쥐어짜내 고생한 이 연구가 이후 나의 전공 분야로 자리 잡게 되었다.

이후 NASA에서도 우주선이나 비행체의 이상 현상을 최소 시간 내에 감지하는 방안을 연구했고 한국에 돌아온 후에도 그에 관련된 연구를 진행하고 있다. 한 예로 비행체의 이상 현상을 인체의 질병으로 바꾸어 질병 조기 진단 분야를 연구하는 것이 그것이다. 항공 우주에서 활용했던 자동제어 기법을 의공학에 접목시킨 것이다.

한국에 와서 적용한 또 다른 연구는 인공 췌장을 통한 당뇨병 연구였다. 혈당에 따라 인슐린이 자동으로 분비되는 인공 췌장이 개발되었는데, 이를 한국인의 체형에 맞게 적용할 수 있도록 연구하는 것이었다. 이러한 인공장기의 기본이 되는 것은 '자동제어'였다.

의공학의 기본은 인간의 생리 현상을 공학적으로 해석하는 것인데, 이를 위해 생체를 계측하고 이를 기록·분석하여 제어하는 기술을 만들어 낸다. 계측한 데이터를 토대로 조기 진단 프로세스를 만들 수 있고, 심장이나 신장 등의 인공장기의 구현이 가능하며, 로봇 등의 개발로 정밀한 치료 방법으로도 발전할 수 있는 무궁무진한 세계가 의공학이다.

    항공우주, 로봇, 의공학, 인공지능 등 이 모든 것이 나의 전공인 '제어'를 토대로 이루어진다. 여러 분야를 넘나드는 만큼 머리를 싸매게 만들지만, 그렇기에 더욱 매력적인 분야다.

    끝나지 않는 승부는 없다. 마지막 순간까지 최선을 다하면 열매를 맺게 된다. 누군가 말했듯이, 안 된다고 하지 말고 아니라고 하지 말고, 더 이상 못 하겠다 싶을 때 마지막 힘을 내야 한다. 언제나 내 결승점을 목표보다 1% 앞에 두었기에 이룰 수 있었던 일이었다.

🚀 **CHAPTER 3**

취업도 전략,
'목표 트리'를 만들라

내가 박사 논문을 준비하던 때는 미국도 상당한 불경기였다. 뉴스에서는 연일 고용 불안과 청년 실업, 대학 졸업생들의 시위에 대한 이야기가 쏟아져 나왔다. 특히 나처럼 박사학위를 가진 고학력자일수록 오히려 취업문은 더욱 좁아졌다. 솔직히 그전만 하더라도 '박사학위를 땄는데 설마 취업이 안 되겠느냐'며 취업에 대해 무조건적으로 막연한 자신감을 품고 있던 것이 사실이다. 하지만 이런 기대가 철저히 무너지기 시작했다.

특히 내 전공인 항공우주 분야는 고용 동결 바람이 더욱 매몰차게 불었던 분야였다. 설사 자리가 있다 해도 국가 보안상의 이유로 미국 시민권자들에게만 취업 기회가 주어지는 상황이었다. 또한 그간 엄청난 수의 인력을 고용한 탓에 인력 공급이 넘치기 시작한 것이다.

그 바람에 신규 채용 자체가 사라졌고, 대학이나 대학원을 졸업한 항공우주 분야의 인재들은 말 그대로 졸업과 동시에 백수가 되는 상황에 내몰렸다.

이력서만 400통, 오기의 취업사

　UCLA에 있던 한국 동료들은 대부분 한국행을 택했다. 그나마 한국에서의 취업이 조금 더 쉬웠기 때문이었다. 나 또한 한국행으로의 유혹이 하루에도 몇 번씩 고개를 들었다. 하지만 이를 악물고 견뎌 내자고 마음먹었던 이유 중 하나는 바로 어린 시절부터 꿈꿔 왔던 NASA와의 인연 때문이었다.
　박사과정에서 관련 연구를 진행하고, 우주왕복선 착륙 현장을 몸소 체험하면서 느낀 그 신비로운 매력에 푹 빠지게 한 NASA. 인간의 삶이 지구상에만 있지 않고 광활한 우주로까지 뻗어 나갈 수 있음을 온몸으로 일깨워 준 그곳. 그 NASA 땅을 밟지 않고는 절대 물러서지 않겠다는 생각이 나를 버티게 했다. 돌아갈 것이었다면 오지도 않았을 일이었다. 그렇게 오기의 취업사가 시작됐다.
　깨끗한 새 노트의 첫 페이지에 나의 최종 목표인 NASA를 적었다. 그리고 그 아래 NASA에 가기까지 거쳐야 하는 중간 단계의 직장들을 나열했다. 적어 놓은 회사뿐만 아니라 관련 분야의 거의 모든 연구소에 이력서를 쓰기 시작했는데, 그 수가 무려 400여 통에 이르렀다. 연구소 하나하나의 특성을 살피며 내가 할 수 있는 일이 무엇인지, 내가 어떤 커리어를 갖고 있는지에 대해 상세히 기술했다.

나는 이 거대한 도표를 '나의 꿈이 이루어지는 목표 트리'라고 부르기로 했다. 모든 바람이 하루아침에 하늘에서 떨어지지는 않는 법이다. 씨앗을 뿌리고 물을 주고 가지가 나오고 잎이 나와야 열매를 맺는 것이 잔리다. 나는 이제 겨우 씨앗을 뿌리는 것이다. 그러니 열매를 맺기까지 적어도 400번 정도는 도전해야 한다. 나는 스스로에게 수없이 격려의 말을 건넸다.

하지만 이력서를 우체통에 넣을 때마다 나도 모르게 마음 한구석이 답답해지는 것은 어쩔 수 없었다. '미국까지 와서 이게 무슨 꼴인가. 내가 왜 이렇게까지 하고 있는 것일까' 하는 의구심과 회의감에 몹시도 괴로웠다. 하지만 그럴 때마다 이내 목표가 있으면 포기란 없다는 의지로 이력서 쓰는 일에 더욱 매진했다. 그러나 6개월이 다 가도록 연락이 온 곳은 단 한 곳도 없었다.

열심히 이력서를 넣고 있었지만 점점 전투력이 상실돼 가는 건 어쩔 수 없었다. 박사 후 과정(Post Doctor)으로 맡고 있던 프로젝트를 제대로 마치는 것도 중요했던 시기였기에 불안한 마음을 가라앉히고 연구에 매진해야 했지만 생각처럼 쉽지는 않았다.

답이 없는 400여 통의 이력서, 그러나 나는 최선을 다했고 결과는 하늘의 뜻에 맡기기로 했다. 기다려도 답이 없으면 새로운 401번째 이력서를 써 보자며 담담한 마음으로 다시 연구에 집중했다. 그렇게 지내던 어느 날 뜻밖의 일이 벌어졌다. 기다리고 기다리던 면접통지서가 도착했다.

천재지변도 막지 못한 무한 도전

처음에는 통지서를 받고도 믿지 않았다. 이리저리 살펴보고 내 이름이 맞는지 보고 또 봤다. 옆에 있던 동료에게 내 이름이 맞느냐 물었다. "드디어 해냈구나!" 마치 자신의 일처럼 기뻐해 주는 그의 모습을 보니 그제야 실감이 났다.

BAE(British Aerospace Engineering)의 전신인 LAC(Lear Astronics Corporation)에서 받은 입사 기회는 기적과도 같은 일이었다. LAC는 연구 인력이 1,000여 명 정도 되는 항공 분야 중소 연구소다. 항공기의 '뇌'에 해당하는 항법 및 제어 등을 전담하는 곳이라고 생각하면 된다. 미국 내에서도 손꼽히는, 항공 분야에서는 작지만 유망한 회사다.

LAC에서는 한국과 몇 가지 프로젝트를 진행 중인데 와서 일을 할 수 있겠냐고 했다. 그때의 기쁨은 뭐라 말할 수 없을 정도였다. 불경기라고 해도 포기하지 않고 계속 일자리를 알아본 것이 끝내 결실을 맺은 것이다. 뭐든 쉽게 얻은 것보다 어렵게 얻은 것이 더 소중하게 느껴지지 않던가. 당시 LAC에서 온 연락은 새로운 일에 대한 열의를 갖게 해 준 것은 물론, 진정으로 내가 하고 싶은 일이 무엇인가를 새삼 깨닫게 했다.

그런데 뜻밖의 복병이 나타났다. 면접을 보기로 한 1994년 1월 17일, 대형사건이 터진 것이다. 바로 LA 대지진이다. LA 인근 노스리지에 진도 6.7의 대지진이 발생했고, 모든 연락 수단이 두절되는 사태가 벌어졌다. 어떻게 잡은 면접 기회인데, 천재지변으로 포기해야 한단 말인가.

분명 면접 일정이 조정될 것이라는 생각에 LAC와의 연락을 시도했지만 먹통이었다. 그렇다고 연락이 오기만 마냥 기다릴 수는 없었다. 하는 수 없이 이제 돌이 갓 지난 아들을 데리고 아내와 함께 승용차에 올랐다. 막히고 꼬인 길을 몇 시간을 달려 면접 장소에 도착했지만 회사 문은 닫혀 있었고 "대지진으로 면접을 연기합니다"라는 안내문만 붙어 있었다.

천재지변이 일어났으니 면접이 연기되는 것이 당연했지만, 증명에 집착하는 공학도답게 나는 결국 눈으로 확인하고 나서야 인정하고 돌아선 것이다. 어렵게 잡은 취업 기회를 천재지변 때문에 놓칠 수는 없다는 마음이 더 컸을 것이다. 이후에도 회사 사정으로 면접이 몇 차례 미뤄졌고 결국 그해 여름에 취업이 확정됐다. 몇 개월에 걸친 긴 여정이었던 만큼 감사함도 배가 됐다.

400통의 이력서. 그 당시 나로서는 할 수 있는 최선의 방법을 다한 것이었다. 어떤 일을 할 때 순조롭지 않고 희망이 보이지 않는다고 포기하려 하는 이들에게 나는 나의 오기의 취업사를 이야기해 준다. 이력서 100통도 적은 숫자가 아니다. 하지만 만일 그때 100건의 이력서를 써 보고 포기했다면, 100통이나 썼는데 답이 없으니 이제 글렀다고 낙담했다면, 항공우주도 NASA도 지금의 나도 없었을 것이다.

최악의 취업난이라고 연일 뉴스가 시끄럽다. 분명 지금 세계경제는 나빠질 대로 나빠진 것이 사실이다. 그러나 최악의 상황에도 누군가는 일할 사람을 구하고 누군가는 일자리를 얻는다. 그 자리의 주인공이 되는 것은 끈기와 노력을 가진 자다. 그들은 대부분 남들보다 조금 더, 아주 조금 더 노력한 사람들일 것이다.

CHAPTER 4
필요하면
주 100시간씩 일하라

첫 직장 LAC에서 여러 국가의 항공 회사와 계약을 맺고 항법 및 제어 컴퓨터를 개발하는 일을 담당했다. 처음 맡은 임무는 역시 한국과 관련한 프로젝트였다. 한국국방과학연구소와의 공동 연구로, 한국 출장 시 LAC 팀원들을 인솔해 프로젝트를 이끄는 역할이었다. 대전에 있는 국방과학연구소에는 그 당시 삼성항공과 대우중공업, 항공우주연구소 등을 다니고 있는 서울대 선배들이 있었다. 그들과 조우했을 때의 반가움은 이루 설명할 수 없을 정도다.

1995년은 한국에서 항공우주 분야에 대한 대규모 투자가 진행된 시점이었다. 그 때문에 LAC에서 일하는 3년간 한국을 자주 방문할 수 있었다. 특히 한국 고등훈련기라고 불리는 KTX-2(현재의 T/A-50) 관련 일을 할 당시에는 LAC와 삼성항공 사이에서 가교 역할을 맡았다. LAC에는 한국의 문화를 알리고, 삼성항공에는 미국 문화를 알리는 역할까지 톡톡히 해냈던 기억이 난다.

물론 체력적으로는 고된 일이었다. 하지만 미국으로 떠난 이후 한국에 그렇게 자주 갈 수 있는 기회가 없었을 뿐더러, 학교 울타리를 벗어나 새로운 환경에서 연구한다는 생각에 상당히 들떠 있었다. 개인적으로도 상당히 재미있었을 뿐 아니라 전망도 밝은 일이라 좋은 커리어를 쌓을 수 있는 기회였다. 그만큼 열정적으로 뛰어다닌 건 물론이다.

일주일에 반나절만 쉬면 되지

LAC는 일주일에 40시간 근무가 기본이었지만 연구 개발이 시급한 상황이었기 때문에 두 달 넘게 주당 100시간 이상 일했다. 거의 매일 15시간 가까이 일했다는 뜻이다. 주당 80시간씩 일한 날은 셀 수 없을 정도로 많았다.

당시 상관이 자주 하던 말이 있다. "일주일에 반나절 쉬면 되지 않느냐"는 말이었는데, 한국식 속담으로 풀어 보면 '젊어 고생은 사서 한다'와 같은 의미리라. 상사의 그런 말이 들릴 때마다 동료들은 가자미눈을 뜨기 바빴지만, 어렵게 취업한 작은 동양인에게는 그마저도 즐거운 노랫소리처럼 들렸다.

몸은 고됐지만 월급을 받으면서 많은 것을 배울 수 있었기에 더없이 좋은 기회라고 생각했다. 물론 지금 다시 그렇게 일주일에 100시간씩 일하라고 한다면 절대 못 할 것 같다. 젊음과 패기가 있었기에 가능한 일이었다. 그때 만일 힘들다는 이유로 포기했다면 이후의 난 아무 일도 할 수 없었을 것이다. 실제로 함께 일하던 동료 중 몇몇은 고된 업무를 견디지 못하고 회사를 떠났다.

지금 연구실 인턴들과 일할 때도 가끔 비슷한 상황이 벌어진다. 연구를 하다 보면 개인적인 시간을 포기해야만 하는 순간이 있기 마련이다. 밤낮으로 연구에 매달리기 때문에 체력적으로 한계가 오기도 한다. 그런데 이런 이유로 연구를 포기하겠다는 인턴을 볼 때면 매우 안타깝다. '조금만 더 고생하면 목표를 이룰 수 있을 텐데' 하는 마음에서다. 인내와 끈기 없이 얻어지는 것은 없다. 그런데 사람들은 늘 성공 바로 앞에서 발길을 돌린다.

그 시절 배우고 경험한 이 평범한 진리는 이후 내 삶의 소중한 자양분이 되었다. 만약 내가 남보다 일을 더 많이 하고, 초과근무를 계속하는 것에 불만을 느껴 포기했다면 이런 자양분을 얻을 수 없었을 것이다. 무어라도 하나를 얻기 위해서는 반드시 그만 한 희생이 따른다. 희생 없이 무언가를 얻으려고 한다면 그것이야말로 도둑놈 심보가 아니겠는가.

'꿈의 양념'이 인생의 맛을 바꾼다

나는 절대 특별한 사람이 아니다. 그야말로 보통 사람에 가깝다. 나도 때로는 연구고 뭐고 포기하고 싶은 날이 있다. 가끔 며칠째 이어지는 밤샘 연구에 주변의 연구원들이 하나둘 지쳐 가고 체력적으로도 무척이나 힘들었다. 'NASA라는 원대한 꿈을 품고 미국까지 왔는데 나는 지금 여기서 뭘 하고 있는 걸까' 하는 회의감마저 들자 도저히 연구가 손에 잡히질 않았다.

잠시 머리도 식힐 겸 연구소 앞 벤치에 앉아 샌드위치를 베어 물었다. 당시에도 LAC는 항공우주 관련 연구소로는 상위 10위에 드는 유망한 기업이었다. 그러나 일반인들에게는 이름조차 생소한 곳이기도 했다. 내가 하는 일에 대해 인정받고 싶은 것은 나만의 욕심은 아닐 것이다. 꿈이 원대할수록 현실에 안주하지 못하는 것이 인간의 심리다. 물론 LAC는 F16 전투기 개발 등 그쪽 분야에서는 굉장히 유명한 회사 중 하나다. 그렇지만 내가 정한 목표에서는 조금 부족함을 느낀 것이 사실이었다. 그러니 만족감도 덜했다.

늘 먹던 샌드위치도 그날따라 아무런 맛이 나지 않았다. 재료가 빠진 건가 싶어 살펴봤지만, 어제 먹었던 샌드위치가 분명했다. 그때 문득, 1년 전 이맘때가 떠올랐다. 400여 곳이 넘게 이력서를 보내던 시절이 주마등처럼 스쳐 갔다. 매일 아침 신문 구인난을 뒤적이며 연구소마다 빨간 동그라미 표시를 하고 수십 장의 이력서를 복사해 우체국에 가서 붙이던 기억이 주마등처럼 스쳐갔다.

순간 눈앞에 펼쳐진 연구소의 모습이 다르게 느껴졌다. '지금의 자리에서 충실하면 내가 할 수 있는 일들이 조금씩 더 확장될 거야.' 저 깊은 심연에서부터 나를 일깨우는 소리가 들려왔다. 지금 하고 있는 일에도 만족하지 못하면서 어떻게 더 앞으로 나아가겠다는 것인지. 잠시 초심을 잃고 있었던 것이다.

"그래, 김성완! 다시 하는 거다. 내 꿈은 단순히 NASA가 아니라 내 분야에서 최고가 되는 거야. 최고가 되었을 때 NASA도 또 다른 꿈도 모두 이룰 수 있는 거야."

그렇게 마음을 먹자 거짓말처럼 샌드위치 맛이 돌아왔다. 몸에서도 힘이 솟는 것만 같았다. 샌드위치의 맛을 순식간에 바꿔 놓은 것은 내가 가진 꿈의 양념 때문이 아니었을까. 사람의 꿈은 저마다의 맛과 색깔을 가지고 있다. 내 꿈을 어떻게 요리하느냐가 바로 나만의 '인생 식당'을 경영하는 비결이 아닐까.

갈등과 고민, 포기하고 싶은 마음은 언제나 불쑥불쑥 고개를 내민다. 이런 감정 자체가 잘못됐다는 것이 아니다. 내 자신을 가만히 들여다보고 내가 진정으로 원하는 것이 무엇인지 이해하고 깨달을 수 있다면 자신을 안주하게 만드는 모든 게으름으로부터 승리의 깃발을 빼앗을 수 있다. 지금의 모습에 회의가 들고 포기하고 싶은가? 그것은 곧 지금이 기회란 뜻이다. 갈등을 자양분으로 삼아 지금보다 한발 더 나아가는 모습으로 멋지게 성장하길 바란다.

CHAPTER 5
안주하는 삶은 발전이 없다

"1960년대가 끝나기 전 우리는 달에 우주인을 보내고 다시 지구로 무사히 귀환시킬 것이다." 1960년대 미국 케네디 대통령이 국정연설 중 발표한 내용이다. 그날의 이야기를 현실로 만든 곳이 바로 캘리포니아 다우니에 위치한 보잉(Boeing) 연구소다. 1997년 가을, 아폴로 프로그램의 산실이던 이곳에 출근하며 내 머릿속은 그야말로 어리벙벙했다. 첫 출근할 때만 해도 몇 백 명의 연구원밖에 없었지만, 아폴로 프로그램 당시에는 1~2만 명의 연구원이 상주했던 역사적인 장소였다. 2012년 가을에 문을 닫은 연구소는 이후 자리로만 남아 있다.

보잉으로부터 연락이 왔던 때는 LAC에서 한창 주가를 올리고 있을 때였다. 한국 고등훈련기(KTX-2) 개발과 관련해 비행제어 컴퓨터 책임자로 제법 자리도 잡았고, 주 100시간에 가까운 업무도 줄어들어 비로소 미국 생활을 조금씩 즐기고 있었다. 항공우주 분야에서는 꿈의 직장으로 손꼽히는 보잉의 스카우트 제의에 설레는 마음과 새로운 환경에 적응해야 한다는 부담감이 동시에 생겼다. 보잉으로 가면 다시 처음부터 시작해야 하는 상황이었다. 1986년 미국에서 쏘아올린 우주왕복선 챌린저호가 공중에서 폭발하면서 우주왕복선의 성능 개선을 위한 연구가 재개되었는데, 내가 들어갈 분야가 바로 이 차세대 우주왕복선 연구팀이었다. 오랜 꿈이었지만 기존의 연구와는 다른 분야에의 도전은 쉽지 않을 것이 분명했다.

편안해질 때면 가방 싸는 남자

사실 보잉에서 일한다는 것은 NASA로 가는 전 단계라고 해도 될 만큼 대단한 기회였다. 차세대 우주왕복선 연구 자체가 NASA가 보잉에게 할당한 연구 과제기도 했기 때문이다. 잠깐의 편안함 때문에 꿈을 잃을 순 없기에 나는 보잉행을 결심했다.

보잉에서 주어진 임무는 우주왕복선 비행에 관한 연구와 차세대 우주왕복선 초기 개발이었다. 팀은 100여 명의 연구원으로 구성돼 있었다. 하지만 차세대 우주왕복선 연구 개발은 오랜 기간이 소요되는 대형 프로젝트였다. 그렇기 때문에 짧게는 5년에서 20년 앞을 바라보고 도전해야 했다. 연구자로서의 삶을 통째로 거는 것이라 해도 과언이 아니었다.

　호기심은 나이를 먹어도 줄지 않는 것 같다. 그동안 해 왔던 일이 어느 정도 자리를 잡아 가자 또 다른 호기심이 일기 시작했다. 당시 보잉은 차세대 발사체를 포함한 여러 가지 탐색 연구와 관련된 자동제어 연구를 시작한 상황이었다. 나는 상관을 설득해 새로운 연구에도 참여했다. 처음에는 두 가지 일을 병행하느라 많이 힘들었다. 하지만 두 일 모두 완벽하고 해내고 싶은 욕심에 LAC에서와 마찬가지로 아주 많은 시간을 연구에 또다시 쏟기 시작했다. 동시에 회사의 배려로 연구담당 경영자의 길을 가기 위한 트레이닝도 받을 수 있었다. 그 결과 보잉 연구소에서 일한 지 2년 만에 보잉 연구원들의 꿈으로 불리는 보잉 테크니컬 펠로우(Boeing Technical Fellow)에도 지원하게 됐다.

　보잉 같은 대형 연구소에는 펠로우(Fellow)라는 직함이 있다. 보잉 테크니컬 펠로우는 학교로 치면 대학 교수 정도의 지위다. 테크니컬 펠로우가 되려면 엄격한 서류 심사와 면접을 통과해야 한다. 그러나 일단 통과하면 보잉의 주식을 인센티브로 받고, 주어진 일에만 매이지 않고 창의적인 일을 스스로 추진할 수 있는 권한과 연구비가 주어진다. 명함에 '테크니컬 펠로우'라는 직위를 쓸 수 있는 것도 명예로 여긴다. 그야말로 특혜 중의 특혜다. 이를 토대로 그간 해 보고 싶었던 연구를 할 수도 있는데, 나는 기초 탐색 연구에 몰두했다. 보잉 연구원들이 테크니컬 펠로우를 로망으로 삼는 이유는 하나다. 주어진 임무뿐만 아니라 각자가 해 보고 싶은 연구를 할 수 있는 환경을 제공받기 때문이다.

누가 내게 보잉에서의 삶이 어땠느냐고 묻는다면 "앞만 보고 최선을 다했던 시기"라고 말하고 싶다. 동료들과의 관계도 돈독했고, 하고 싶은 연구에 뛰어들어 쉼 없이 연구했기 때문이다. 원하는 곳에서 일할 수 있음에 감사했고, 그 일에 몰두할 수 있는 체력에도 감사했다. 어쩌면 '나는 행운아가 아닐까' 하는 생각마저 들어, 그 행운을 놓치지 않기 위해 더욱 노력했던 것 같다.

무엇이든지 배우고 익히고 증명하려 했던 자세는 기회가 찾아왔을 때 늘 만족스러운 결과물로 되돌아왔다. 보잉에서 배운 것이 있다면 배움은 인간이 흙으로 돌아가는 그 순간까지도 계속되어야 할 최고의 가치를 지닌 일 중 하나라는 것이다.

게으른 천재는 꿈을 이룰 수 없다

배움에 대한 이야기를 하다 보니 구구단에 얽힌 아들과의 일화가 떠오른다. 내가 구구단을 외운 기억은 초등학교 2학년으로 거슬러 올라간다. 그런데 미국에서 공부하던 아들 마루치는 구구단이 아니라 십이단(구구단까지는 같지만 10단과 11단, 12단이 있다)을 외워야 했다.

십이단이 적힌 표를 주고 마루치에게 외우라고 말했다.

미국은 아이들도 계산기를 두드리기 때문에 수 공식을 잘 외우지 않는다. 마루치는 "아빠, 이거 왜 외워야 해요? 친구들은 안 외워요"라고 말했다. 난 농담 섞인 말투로 "맞고 외울래, 그냥 외울래"라며 외울 것을 강요했다. 투덜거리던 마루치도 한국 아이들이 그렇듯 음정을 넣어 가며 읊어 보더니 재미를 느꼈는지 금세 외워 버렸다. 그 후로는 수학 시간에 친구들보다 셈하는 속도가 빨라서 좋다며 기뻐했다.

갑자기 웬 구구단 얘기일까. 암기력은 성인이 되면서부터 급격히 쇠퇴한다. 그렇기 때문에 청소년기에 닥치는 대로 외워 두는 것이 좋다. 특히 중·고교 때 외운 내용은 성인이 된 이후에도 쉽게 지워지지 않는다. 나중에 외우려 하면 시기를 놓쳐 힘들뿐더러 외웠다 해도 오래가지 않는다.

고등학교 때 일본어를 배우려 했다가 대학에 들어가면 배우겠다며 미뤄 뒀던 적이 있다. 그렇게 잊고 지내다 보잉에 있으면서 다른 언어를 구사해 보고자 한국인이 가장 배우기 쉽다는 일본어에 도전하려고 했다. 하지만 단순 암기 능력 자체가 많이 줄어들어 꽤 고생해야 했다. 기본이 되는 가타카나와 히라가나를 열심히 외웠지만, 금방 잊어버리는 통에 어렸을 때 배워 두지 않은 것을 많이 후회했다. 결국에는 일본어 정복에 실패하고 말았다.

어떤 일이건 게으름이 최대의 적이다. 게으름 피우고 싶고 안주하고 싶을 때 가장 좋은 처방은 '계획표'다. 하루 일과를 적은 계획표와 일주일, 한 달, 6개월 단위의 장·단기 계획을 세워 두고 하루하루 지켜 나가다 보면 어느 순간 내 눈앞에서 목표가 이루어지는 경이로움을 맛보게 될 것이다. 배움에 게으른 사람은 아무것도 해낼 수 없다. 당장에는 필요 없어 보이는 지식도 언젠가는 내가 원하는 분야에서 반드시 쓸모가 있게 마련이다. 자기가 하고 싶은 일에 대해 적고, 그 아래 분기별 계획표를 세워 단기 목표부터 차근차근 이뤄 내는 기적을 실행해 보라고 말하고 싶다. 지금 당장!

1% 호기심, 꿈을 쏘는 힘

Part 5
비행

상상 이상을 상상해야 신세계를 본다

SPACE FLIGHT

CHAPTER 1
NASA, 그 평범 속의 비범

보잉에서 근무하는 동안 몸도 마음도 더 이상 부러울 것이 없을 만큼 평온했다. 하고 싶은 일을 마음껏 하며 미국 생활도 안정적으로 정착하기 시작했다. 만족스러운 삶이란 이런 것이구나 싶을 정도였다.

보잉에서 중요한 연구를 맡은 것은 물론 개인적으로 연구하고 싶었던 분야에 대한 지원도 충분히 받고 있었기에 성취감은 나날이 커져 갔다. 연구원으로서 이런 영광이 있을까 싶은 날들이 이어졌다.

그러나 마음 한구석, 아직 포장을 풀지 못한 선물 상자가 남아 있는 듯한 기분은 지울 수 없었다. 상자 안에는 'NASA'라는 미완의 도전에 대한 승부가 담겨 있을 것이었다. 그래서 나는 다시 도전하기로 마음먹었다. 안주하면 김성완이 아니었다. 평온함을 깨고 NASA

의 9개 분야 각각의 연구소에 지원하였다.

그러던 어느 날, 그토록 꿈에 그리던 NASA로부터 연락이 왔다. 9개 연구소 중 단 한 곳에서 새로운 연구원을 필요로 한 것이었다. 이 거짓말 같은 상황을 어떻게 받아들여야 할까. 게다가 내가 들어가면 맡게 될 항법제어 부분은 NASA에서도 17년 동안 연구원을 뽑지 않을 만큼 어려운 분야였다. 더 이상 바랄 것이 없다고 생각했던 어제까지의 평온한 마음은 다시 뜨겁게 끓기 시작했다. 드디어 내 꿈의 마지막 발사체를 분리시킨 기분이었다.

나무가 아닌 숲을 보는 연구를 하라

그렇게 오랫동안 기다렸고 신비롭게 느껴지기만 했던 NASA 연구소. 하지만 막상 출근해 보니, 그간의 연구소들과 별반 다르지 않은 것 같아 오히려 실망감이 들 정도였다. 뭔가 더 강력하고 은밀하고 대단한 일을 할 줄 알았는데, 생각보다 너무 평범하고 조용하고 소소한 일상의 연속이었다.

NASA의 연구원 자격으로 업무를 시작한 지 6개월이 지나갈 무렵에는 불안한 생각까지 들었다. 아무도 나의 연구가 잘 진행되고 있는지 물어보는 사람이 없었다. 이전에 일했던 보잉을 비롯한 다른 연구소에서는 주간 회의와 월간 회의, 각종 보고서 등으로 연구 진척 상황을 보고하곤 했다. 그런 시스템에 익숙했던 나로서는 당황스럽기만 했다.

'내가 뭔가 잘못하고 있나?' '근본적인 문제가 무엇일까'를 고민하던 끝에 용기 내 연구진 책임자를 찾아갔다. 책임자 방에 들어서자마자 그간의 연구 성과에 대해 보고하기 시작했다. "제가 지난 여섯 달 동안 한 일은 이러한 것들이며, 다음부터는 이에 대한 연구를 이런 식으로 진행할 예정입니다." 보고가 끝나자 책임자가 토끼 눈을 뜨며 놀라했다.

"그 많은 일들을 벌써 다 했다고요? 성완, 연구 속도가 굉장히 빠른데요? 하지만 주지해야 할 게 있어요. 우리가 원하는 건 당장 눈앞의 성과가 아닌, '고위험 고성장(High-risk & High-payoff)'의 연구입니다. 다른 연구소에서는 할 수 없는 것을 하는 것이 미국 대표 연구소(National Lab)로서의 소명이기 때문이죠. 20년 후를 내다보는 눈으로 당신의 연구를 소신껏 그리고 책임감 있게 진행해 주길 바랍니다. 그리고 특별한 일이 없으면 보고하지 않고 알아서 연구를 진행하면 됩니다. 필요한 것이 있으면 언제든지 찾아오세요."

이야기를 듣고 연구실로 돌아오며 스스로를 돌아보았다. 단기 업적에 연연해 왔던 지난 삶과 그런 결과물을 요구하고 중요시하던 환경들이 떠올랐다. 'NASA 연구소의 위대함이 여기 있구나! 나무가 아닌 숲을 보기 때문에 이들이 역사적인 일을 해낼 수 있었구나'라는 생각이 들었다. 동시에 '연구원 한 사람 한 사람이 자신의 일생을 건

장기 프로젝트를 마음껏 연구할 수 있다니, 이것이 NASA를 세계 제일의 연구소로 키운 힘이구나' 하는 부러움도 생겼다.

연구실로 돌아온 나는 당장 일생일대의 프로젝트에 대해 고민하기 시작했다. '나는 이곳에서 무엇을 연구해야 할까?' 항공우주과학을 통해 연구할 수 있는 분야는 다양했다. 극초음속 비행기 프로젝트에 참여할 수도 있고, 유인 달 탐사 또는 무인 우주선 연구에 참여할 수도 있다. 또는 우주인 몸의 이상을 체크하고 생체 인식을 조절하는 기능을 가진 우주복 개발을 진행할 수도 있다. 인공위성 기술 연구도 있고, 무중력 상태에 대한 연구를 통해 의학과 연계하여 연구할 수도 있다.

오랜 고민 끝에 나는 보잉에서 진행하던 차세대 우주왕복선에 관한 연구를 계속해 보자는 결론을 내렸다. 그간 해 온 업적도 있고, 우주왕복선에 대한 관심이 높았기 때문에 자신 있었다. 무엇보다 나를 이곳으로 끌고 온 건 유인 달 탐사선을 타고 달에 다녀온 닐 암스트롱의 발자국 아니던가. 그렇게 NASA에서의 목표를 세웠다. 큰 틀의 연구는 차세대 우주왕복선으로 정하고, 당시 진행하던 항공기 관련 연구에도 참여하기로 했다. 그렇게 하루하루 꿈만 같은 NASA 생활이 이어졌다.

시너지 효과는 팀워크로부터

　그러던 중 풍동 실험(wind tunnel test) 연구 과제에 투입되었다. 풍동 실험은 인공적으로 기류를 발생시켜 공기의 흐름이 물체에 미치는 힘 또는 그 흐름 속에 있는 물체의 운동 등을 조사하는 실험이다. 오랜 기간 동안 쌓아 온 노하우를 바탕으로 한 실험이었기 때문에 수행 과정에서의 철저함과 정확성을 보며 놀라지 않을 수 없었다. 실험을 수행하는 개개인의 책임감 역시 남달랐다. 출근 후 며칠 동안 보아 왔던 그 사람들이 맞나 싶을 정도였다. 편안한 복장으로 음악을 듣고 수다를 떨거나 책을 읽던 사람들이 연구가 시작되자 정말 무서우리만치 예리하고 진지한 모습으로 변신하는 것 아닌가. 늘 해맑던 눈빛조차 매섭게 변한 것이다. '뭐지? 이 사람들?'

　풍동 실험은 어찌 보면 같은 상황에 공기의 속도만 달리하는 반복 실험이라고 생각할 수도 있다. 하지만 실험 결과가 모두 리포트로 작성됐고, 다른 실험 결과와 비교된다는 것을 아는지라 실험에 참여하는 개개인의 책임 의식이 대단했다.

　풍동 실험은 수십 명이 한 조를 이뤄, 이러한 각 3개 조가 24시간 동안 실험을 이어 가는 방식이다. 3개 조로 나뉘어서 진행되지만 동일한 실험을 수행하기 때문에 그만큼 더 각별한 주의가 요구된다. 이후에도 수차례 풍동 실험에 참여했지만, 그때마다 자기가 맡은 부문에 책임감을 가지고 임하는 연구원들을 볼 수 있었다.

다른 과제에 참여했을 때는 수백 명이 한 팀으로 공동의 프로젝트를 진행하는 모습이 마치 대형 기계에 각각의 부품이 잘 끼워 맞춰 돌아가는 것 같은 인상마저 받았다. 개인의 프로 정신과 팀워크는 일견 화려해 보일 정도로 정확했다. 프로 정신과 팀워크는 말이 쉽지 현실화하기 어려운 일이다. 오죽하면 '좋은 팀원 만나는 것이 큰 행운'이라고 할까.

신기하게도 어떤 풍동 실험에 참여하건, 어떤 사람들과 조를 이루게 되건 최고의 팀워크가 발휘됐다. 나는 이것이 바로 NASA의 비범함이라 생각한다. 개인의 공치사는 뒤로 하고 '우주왕복선 발사'와 같은 공동의 목표를 향해 수천 명이 하나가 돼 묵묵히 맡은 일을 완수해 가는 모습. 그야말로 아름답지 아니한가!

NASA의 팀워크가 이렇게 좋을 수밖에 없는 이유는 무엇일까. 무엇보다 다양한 연령층이 같은 그룹에서 함께 일할 수 있기 때문이다. NASA에서의 첫해만 생각해 봐도 동료들의 연령대가 매우 다양했다. 35~40세가 5명, 40~50세가 4명, 50~60세가 5명, 60세 이상이 3명이었다. 게다가 한국처럼 서열이 있는 것도 아니다. 그저 동료로서 평등하게 일하는 분위기였다. 연공서열이라고 할 만한 수직적인 분위기 자체가 없었다. 같은 건물에 있는 다른 부서에서는 대학을 갓 졸업한 새내기 연구원부터 일흔이 넘은 베테랑 연구원까지 50세 이상의 연령 차이를 넘어 같은 공간에서 하나의 목표로 팀을 이뤄 일하기도 했다.

NASA에서는 정년 퇴임 이후에도 본인이 원한다면 보수 없이 명예 직으로 계속 일할 수 있다. 이른바 '명예연구원(Distinguished Research Associate, DRA)'이다. 이분들은 주로 대학을 갓 졸업했거나 멘토가 필요한 연구원들을 지도해 주는 역할을 담당한다. NASA에서도 경험이 풍부한 선배 연구원들이 경험이 없는 연구원들을 지도한다는 의미에서 DRA를 적극 활용하고 환영했다.

　이에 비해 우리 사회는 시니어에 대한 존중과 예우가 조금 부족하다는 생각이 든다. 은퇴 이후에는 그들이 설 자리가 거의 없는 것이 사실이다. 한 사람의 노장이 평생에 걸쳐 축적한 지혜와 경험과 노하우는 아무리 뛰어난 젊은이라 해도 단 몇 년의 어쭙잖은 시간 안에 얻을 수 있는 것이 아니다. 시니어들이 사회 초년생을 위해 사회생활의 첫걸음을 알려 주고, 삶에서 부딪히는 여러 문제나 실수에 대비할 수 있는 조언을 해 주는 멘토 역할을 하는 사회적인 멘토링 시스템이 점점 더 자리 잡아 가기를 바란다. 연구원들을 위한 NASA의 배려와 믿음은 그들 스스로 당당하고 더 큰 책임감을 품으며 일할 수 있도록 만들었던 것 같다.

CHAPTER 2
국가가 나서야 하는 이유

"**아**폴로 13"이라는 영화가 있다. 1970년 4월, 우주 비행을 하던 도중 산소탱크가 폭발하면서 위기에 처한 우주인 세 명을 구하고 기적적으로 귀환한 아폴로 13호의 실화를 재연한 영화다. 위기에 처한 동료 우주인들을 구하기 위해 지상의 동료들이 엄청난 노력을 기울인 끝에 무사 귀환하는 모습이 영화 속에 생생하게 그려진다. 그 심장부가 바로 NASA였다. 영화를 보는 내내 감탄하지 않을 수 없었다. 수백 명의 연구원들이 지구에서 우주 미아 세 사람을 무사 귀환시키기 위한 방법을 단시간 동안 연구해 실행에 옮기고, 실제로 동료들을 살린다는 이야기는 NASA에 대한 기대와 희망을 한껏 부풀어 오르게 할 만했다.

인간은 오랜 시간 우주를 탐구해 왔다. 단순히 별을 관찰하는 수준을 넘어 우주로 나아가기 위해 오랜 시간 연구했고 실제로 미지의 세계에 발을 디뎠다. 일단 달에 대한 호기심을 해결하기 위해 달에 사람을 보내는 목적으로 설립한 곳이 바로 NASA다. 로켓을 개발했고, 유인 달 탐사선을 연구 개발해 달에 다녀왔으며, 화성에 무인 탐사선을 보냈고, 우주왕복선을 개발했고, 우주에 정거장까지 만들었다. 지금도 무인탐사선을 각 행성에 보내 우주에 대한 연구를 계속하고 있다. 어쩌면 답이 나오지 않을 그 일들을 NASA는 오랜 시간 해 오고 있다. 단기 프로젝트로 수익을 보는 것이 아니라 미래를 위해 꼭 필요한 가치를 연구하는 것이다. 국가의 장기적인 투자와 체계적인 운영을 통해 공상과학으로만 여겼던 일들을 현실로 만들며 새로운 미래를 그려 가고 있다.

2013년 2월, 대한민국은 나로호 발사에 성공했다. 조금 늦었지만 이제 우리는 11번째 우주 강국이다. 이제 나로호 발사보다 더 큰 숙제가 밀려 있다. 지속적인 관심과 투자를 통해 항공우주 연구가 이어져야 한다. 러시아에서 기술을 빌려 만들었지만, 이제는 우리의 독자적인 기술을 개발해야 한다. 또한 항공우주산업과 연계된 수많은 학문 분야도 박차를 가해 성과를 이루어야 한다. 세계 각 분야에서 뛰어난 능력을 보여 주고 있는 한국인, 이제 그 저력이 빛날 순간이 온다.

교육은 다음 세대를 위한 최고의 투자

NASA는 과학자들뿐 아니라 미국 공무원들이 가장 일하고 싶어 하는 곳이기도 하다. 최첨단 시설을 갖추고 최고의 실력을 가진 인재들이 일하는 곳이라는 이유도 있지만, 이곳이 단지 연구소의 기능만 하는 곳이 아니기 때문이다. NASA는 연구 외에도 국민교육의 임무를 맡고 있다. 초·중·고교를 찾아 과학 강의도 하고, 학교에서 실시하는 과학경시대회에 심사위원으로 참여하는 등 다양한 교육 활동을 한다.

나도 노스캐롤라이나 주립대학에서 있었던 무인비행기 제작 졸업 작품 발표회에 심사위원장으로 참석한 적이 있다. 그때 NASA에 대한 미국 청년들의 관심이 얼마나 큰지 실감할 수 있었다. 학생들은 심사위원장인 내게 무인비행기에 관한 질문들을 쏟아 냈고 그 질문에 답하는 데만 오랜 시간을 할애했다.

이런 모든 활동들은 자원봉사로 이루어진다. 노스캐롤라이나 주립대학 졸업 작품 발표회의 경우 새벽 4시에 출발해서 밤 11시에 돌아오는 긴 일정이었다. 졸업 작품 발표회가 있던 그 며칠간 함께 자원봉사를 떠났던 연구원들도 피로에 지친 기색이 역력했다. 그러나 후진 양성에 한몫한다는 뿌듯함으로 단 한 명도 불평하지 않았다. 아니, 오히려 기쁜 마음으로 참여했다.

나도 UCLA에서 NASA의 장학금을 받아 공부했다. 그때의 경험과 고마움 때문에 더욱 열심히 봉사활동을 했던 것 같다. 자기 역량을 적재적소에 발휘하며 사회에 환원하는 것은 이래서 중요하다. 또 과학을 그저 일부 전문가의 연구에 국한시키지 않고, 세계적인 연구원들이 국민들과 가까이 호흡하며 과학에 대한 관심을 이끌어 내는 가장 강력하고 효율적인 방법이 바로 교육이 아니었나 싶다.

세계적인 연구소 NASA가 이런 노력을 게을리하지 않는 것은 그만큼 후진 양성이 중요한 과제이기 때문이다. 또한 항공우주 분야에 대한 국가적 관심이 높다는 것을 방증하는 예이기도 하다.

기초과학이 나와 우리, 나라를 바꾼다

몇몇 NASA 연구소에서는 정기적으로 '사이언스 캠프'를 연다. 방학을 이용해 NASA 직원의 자녀들이 NASA를 방문해 일주일가량 직접 몸으로 부딪치고 놀면서 과학을 배우는 프로그램이다. 직원들에게는 자부심을, 자녀들에게는 최고의 산 교육을 선사하는 것이 바로 사이언스 캠프다. 나도 아들 마루치를 데리고 이 프로그램에 참가했는데, 당시 캠프에서 만난 친구들과는 지금도 좋은 관계를 이어 가고 있다. 어린 시절 과학을 친구 삼아 일주일을 실컷 놀 수 있는 경험을 할 수 있는 곳이 얼마나 있을까.

'과학으로 논다고? 실험이나 하면서 공부만 하겠지, 생각만 해도 지루하다'라고 생각한다면 큰 오산이다. 가상 우주 공간을 훨훨 날아 보고, 우주인의 음식을 맛보기도 하는 등 아이들은 즐거운 경험과 상상으로 꽉 찬 일주일을 보낸다. 그런 과정 속에서 자연스럽게 과학 이론 수업도 이뤄지고, 영원히 잊히지 않는 학습으로 승화하는 것이다.

휴스톤의 NASA 연구소에서 열렸던 사이언스 캠프에 참가했을 때의 일이다. '세상에서 가장 큰 수영장'이라고 불리는 실험실을 방문한 아이들은 저마다 탄성을 질렀다. 이곳은 우주에 보낼 장비를 실험하고 우주인들이 실제로 가상 훈련을 하는 곳이다. 중력의 영향이 적은 상태에서 둥둥 떠다니며 원하는 장소로 수영하듯 이동하기 때문에 '세상에서 가장 큰 수영장'이라는 이름이 붙었다. 직접 우주 환경을 경험하며 무중력과 중력의 관계, 우주인의 신체 변화 등에 대해 굳이 이론적으로 설명하지 않아도 몸으로 알게 되는 곳. 이보다 더 완벽한 수업이 또 있을까?

얼마 전 TV 방송을 보다 보니 '아이들에게 과학을 돌려주자'는 내용을 담은 한 기업의 광고를 보았다. 그 광고를 보면서 과학자가 꿈의 1순위였던 그 옛날의 추억이 떠올라 아련하면서도, 이러한 광고가 나오게 된 배경인 이공계의 암담한 현실에 가슴이 아팠다. 그래도 이처럼 경각심을 던지고 누군가는 관심을 가지고 투자하고 있다는 데 안도했다.

이공계가 죽은 국가는 더 이상의 미래를 꿈꿀 수 없다. 삶을 더욱 편리하게 만들고 인간의 상상을 실현시키는 과학에 일반 대중들도 관심을 갖게 하기 위해서는 과학자들의 역할 또한 중요하다. 과학자들이 자신의 전문성을 발휘해 일반 대중과 소통하려는 노력이 필요할 것이다. NASA에서 일하는 동안 가장 크게 감명받고 가장 크게 긴장한 부분이 바로 이 점이다. 후진 양성을 위한 교육은 미국이 가지고 있는 가장 무서운 무기다. 한국도 미래에 가장 빛나는 보물이 될 주니어 과학도들을 위한 교육에 조금만 더 관심을 갖길 지금도 간절히 바라는 이유다.

나는 NASA가 부럽다. 연구원들을 위한 전폭적인 지지, 후진 양성, 자녀들을 위한 교육까지. 국민 모두를 교육시킬 수는 없겠지만, 과학에 대한 열정과 호기심을 자극하는 국가는 많지 않다.

대학원 시절, 미국 친구들이 컴퓨터를 사용할 때 일일이 연필과 종이로 수식을 구하던 청년 김성완이 떠오른다. 좋게 말하면 차근차근 단계별로 공부했다고도 할 수 있지만, 그 시절 지금같이 나은 환경과 장비가 있었다면 어땠을까 하는 궁금증도 있다. 우리 아이들 세대에는 나와 같이 책으로만 배우고 외우는 공부는 그만했으면 좋겠다. 대신 직접 만져 보고 체험하는 진짜 학습이 가능해졌으면 좋겠다. 특히 과학 분야에서만큼은 더 말할 것도 없다.

삶을 변화시키는 과학의 경이로움을 직접 바라본 아이의 뇌는 얼마나 반짝반짝 빛날까? 내가 흥분하고 부러워하는 모든 일들이 한국에서도 일어났으면 좋겠다. 작고 간단한 과학 원리를 엄마와 함께 체험해 보고, 그 아이가 점점 자라 과학에 대한 흥미를 학교에서 실현하고, 연구소와 기업체는 실행할 수 있는 공간을 만들면 된다. 전문가들은 이런 아이들을 위해 자기 시간을 조금씩만 나누면 된다. 이렇게만 된다면 한국의 항공우주 분야도 얼마든지 세계 일등의 실력을 갖출 수 있을 거라 믿는다.

거창할 것 없이 지금 당장 가정에서부터 시작할 수 있다. 일상에서 쉽게 접할 수 있는 과학 원리를 엄마와 함께 체험해 보는 것이다. 예를 들면 유리그릇, 플라스틱 그릇, 냄비를 놓고 어떤 용기가 더 따뜻함이 오래 지속되는지 아이와 함께 만져 보면서 열전도에 대해 공부하는 것이다. 더 나아가 보온병을 통해 진공 상태에서는 열이 전달되지 않는다는 것을 자연스럽게 알려 줄 수 있다. 또는 질문을 통해 과학적 호기심을 불러일으킬 수도 있다. 드라이아이스는 차가운데 왜 "화상을 입을 수 있으니 주의하세요"라는 문구가 쓰여 있는 것인지, 쉽게 지나칠 수 있는 일에도 아이에게 관심을 갖게 해 보자.

간단한 실험을 할 수도 있다. 예를 들면 큰 못에 전선을 50회 정도 감고 배터리와 연결한 후에 못이나 클립을 쌓아 놓은 곳에 가져가 보면 자석처럼 붙게 된다. 이것이 전기로 자석을 만드는 전자석인데, 전선을 50회씩 더 촘촘히 감아 보고 얼마나 더 많은 클립이 붙는지 보면서 원인을 찾아보고 간단한 토의를 할 수도 있다. 아이들은 워낙 손으로 만지면서 공부하는 걸 좋아하기 때문에 나도 마루치가 초등학교 때 이런 방식으로 과학을 쉽게 생각할 수 있도록 도왔다.

각 지역마다 세워진 과학관을 활용하는 것도 적극 권한다. 각종 과학 행사나 프로그램에 함께 참여하면서 아이의 흥미를 키워 줄 수 있다. 각 연구소와 기업체에서도 아이들의 과학 교육을 위한 열린 공간을 만들어 보는 건 어떨까. 이렇게 된다면 한국의 기초과학 분야도 얼마든지 강력한 힘을 발휘할 날이 올 것이라 믿는다.

CHAPTER 3
NASA에 대한 오해와 이해

"NASA 연구원은 뭘 먹나요?" 초등학생들이 많이 던지는 질문 중 하나다. 종종 어른들에게도 받는 질문이지만 애석하게도 NASA의 식당 메뉴는 특별하지 않다. 아침 6시면 문을 열고 오후 3시에 문을 닫는 평범한 식당이다. 식사 비용은 우리 돈 4,000~5,000원 선으로 저렴한 편이다.

나도 이 식당을 자주 이용했다. NASA에서는 식사 시간에도 첨단 과학이나 은밀한 프로젝트에 대해 이야기할 것 같지만 사실 전혀 그렇지 않다. 오히려 여느 직장처럼 정치나 경제, 사회, 문화에 대해 토론한다. 토론이라고 하지만 사실 수다에 가깝다. 나는 NASA는 식사 시간도 남다를 것 같아 긴장한 나머지 처음에는 눈치만 보며 대화에 적극적으로 참여하지 못했다. 그러나 일주일쯤 지나고 NASA도 다를

게 없다는 것을 안 뒤에야 대화에 낄 수 있었다.

식당 옆의 NASA 기념품 매장에서는 가끔 우주인들이 먹는 아이스크림을 팔기도 했다. '우주인 아이스크림'이란 기압을 낮추고 동결 건조시켜 수분을 완전히 제거한 아이스크림이다. 당연히 '지구상'의 아이스크림과는 식감이 전혀 다르다. 이 아이스크림을 파는 날에는 NASA 연구원들도 재미 삼아 사 먹고는 했다. 일과 시간에는 각자 일을 하느라 바쁘기 때문에 점심시간만큼은 동료들과 어울려 대화를 나누면서 친목을 다지고 교감하는 것을 매우 중요하게 생각하는 것이 'NASA 스타일'이었다.

잘 노는 사람이 연구도 잘한다

하루 일과가 끝나는 시간은 보통 오후 4시에서 7시 사이다. 이 시간이 되면 연구소 안의 휴식 공간에 사람들이 삼삼오오 모이기 시작하는데, 이곳에서 간단한 스낵과 음료 등을 팔기 때문이다. 가격도 저렴해 동료들과 쉽게 자리를 잡고 앉아서 그간 밀린 대화를 나누기에 더없이 좋았다. 나도 일주일에 두세 번씩 동료들과 들러 간단하게 먹을거리를 시켜 놓고 연구 진행 사항을 공유했고, 자녀 교육이나 기타 개인사에 대한 수다를 떨기도 했다. 특히 우리 팀은 목요일 오후 5시가 되면 누가 먼저랄 것도 없이 그곳에 모였는데, 그런 생활이 8년 넘게 이어졌다. 내가 한국으로 떠난 지금도 동료들은 목요일만 되면 그때 그 자리에 모인다고 한다. "성완은 언제 돌아오지?(When will Sungwan be back?)"라면서 말이다.

NASA에서는 생각보다 꽤나 많은 행사가 열린다. 연초에 슈퍼볼(미식축구 결승전) 파티를 시작으로 봄 소풍, 여름 보트타기, 가을 소풍, 골프 이벤트, 할로윈 파티, 추수감사절, 크리스마스 파티 등이 일 년 내내 이어진다. 언뜻 보면 놀기만 하는 것 아닌가 싶을 정도다.

나는 종종 그룹의 행사를 도맡고는 했는데, 동양인이 이런 행사를 주관한 건 그동안 전무한 일이었다. 주요 파티 때면 매번 30인분의 밥을 지어 참가했다. 한국에 돌아가기로 결정했을 때 동료들이 "그럼 이제 밥은 누가 하지?"라고 말했을 정도다. 한국으로 떠나기 며칠 전, 동료들에게 밥통을 전해 주며 밥하는 법까지 꼼꼼히 전수하고 온 건 당연지사다. 각자 마실 거리와 간단한 요리를 알아서 가져오는 것이 미국의 파티 분위기였다. 그래서 나는 될 수 있는 대로 한국의 음식과 맛을 알리기 위해 노력했고, 감사하게도 동료들은 아내가 준비한 한국 음식을 늘 좋아해 줬다.

NASA 연구원들은 놀 때도 열심히, 연구할 때도 열심히 한다. 어찌 보면 공부도 잘하고 놀기까지 잘하는 얄미운 우등생 같지만, 그들의 여유로운 미소와 우주를 향한 진정성은 주변 사람들마저도 감동하게 만드는 묘한 매력이 있다. 연구에서는 비범하고 생활에서는 지극히 평범한 사람들. NASA 연구원들을 그렇게 정의하고 싶다.

자신의 뒷모습에 책임지는 사람들

'최선을 다했다'라는 판단은 스스로가 할 수 없는 일이라고 생각한다. 무언가에 몰두해 열심히 했다고 자부하려면, 일을 맡긴 사람과 함께 일한 사람들이 '저 사람은 참 성실하게 열심히 일하는구나'라고 느낄 수 있어야 비로소 최선을 다했다고 인정할 수 있는 것이다. 스스로 만족하는 노력은 어쩌면 거짓된 것인지도 모른다. 남에게 보이기 위한 노력을 하라는 것이 아니다. 스스로의 만족보다는 타인에게 전해질 만큼의 진정성을 가지고 노력하는 것이 곧 '열심히'라는 단어의 의미가 아닐까.

미국에서 여러 직장을 거치며 나는 여러 번 인수인계를 해 주기도 하고 받기도 했다. 내 자리에서의 일을 정리하고 새로운 일을 향해 떠나는 그 순간이 나는 그곳에서의 커리어 중 가장 중요한 순간이라고 생각한다.

간혹 인수인계나 자신이 책임졌던 일을 대충 마무리 짓는 사람들이 있다. 일의 마무리란 나의 뒷모습과도 같다. 인수인계는 떠나는 사람 입장에서 하는 것이 아니라, 남은 사람들의 입장에서 해야 한다. '떠나는 마당에 뭐, 자기들끼리 알아서 하겠지' 하는 이기적인 생각은 전적으로 그릇된 마음가짐이다. 한 사회, 나라, 더 나아가 지구가 크고 넓은 것 같지만 같은 분야의 사람들은 언제 어디서든 만날 수 있다. 내가 누군가에게 한 가지를 더 주면 나는 그에게 두 가지를 받게 된다. 혹여 아무것도 받지 않은들 어떠한가.

　내가 '열심히'라는 단어를 유독 좋아하는 이유는 두 가지다. 첫째 이유는 끊임없이 자극받고 지치지 않는 원동력이 되기 때문이다. 목표를 가지고 열심히 달려갈 때, 그 과정에서 느끼는 두근거림이 좋다. 결과도 중요하지만 과정 중에 쏟는 열정은 내가 살아 있음을 느끼게 한다.

　두 번째는 책임감을 가지고 마무리까지 아름답게 할 수 있는 힘이 되기 때문이다. 나는 한 개인으로서의 김성완이 아니다. 수많은 보잉 출신 연구원들을 대표하고 한국에서 온 동양인을 대표하게 되는 것과 같다. 내가 열심히 하면 보잉의 이미지도, 한국의 이미지도 고취된다고 생각하면 절로 어깨가 무거웠다. 늘 새로운 도전을 멈추지 않고 열심히 나아가는 모습이야말로 어느 사회에서든 인정받을 수 있는 무기인 셈이다.

CHAPTER 4

Return to the Moon, 우리는 달로 간다

NASA에 입성한 지 1년 쯤 되던 어느 날, 항공기 연구 그룹장인 제임스 배터슨이 내게 할 이야기가 있으니 연구실에 잠시 들르겠다고 연락해 왔다. NASA에서는 웬만하면 상관이 아래 직원을 부르거나 직접 업무 지시를 내리는 경우가 없기 때문에 '뭔가 큰일이 벌어진 건 아닐까' '내 연구에 무슨 문제가 있나' 등 별의별 생각이 다 들었다.

방에 들어선 그룹장은 무표정한 얼굴로 방을 둘러보고는 자리에 앉았다. 한참 동안 우리는 일상적인 대화를 나누었지만 솔직히 대화에 전혀 집중할 수 없었다. 얼마간의 시간이 흐르자 드디어 그가 본론으로 들어갔다.

"성완, 지금 진행하고 있는 일은 일단 정리하고, 랭리 리서치 센터

(Langley Reserch Center, LaRC)의 차세대 우주왕복선 X-37 프로젝트에 합류해 항법 및 제어 컴퓨터 시스템 책임자로 연구를 이끌어 보는 건 어때요?"

차세대 우주왕복선에 필요한 것은

처음에는 그의 말을 바로 알아들을 수 없었다. 그저 말없이 눈만 껌뻑이는 수밖에. NASA의 차세대 우주왕복선 책임연구원…? 그가 내게 권하고 있는 것은 NASA의 책임연구원 자리였다. 그것도 가장 주력으로 삼고 있는 차세대 우주왕복선 연구였다. 그 분야는 보잉에서 근무할 때도 기본 연구를 맡았을 정도로 관심 있던 터라 어느 정도 자신감도 있었고 NASA에서 해 보고 싶었던 연구 분야가 아니었던가!

한국인 김성완이 NASA 랭리 리서치 센터의 책임연구원이 되다니! 그 벅찬 감동은 이루 표현할 수 없을 만큼 대단한 것이었다. 어린 시절 TV를 통해 지켜봤던 달 착륙 장면에서부터 600만 불의 사나이, 편도로 끊었던 미국행 비행기 티켓 등 그동안의 모든 순간이 마치 영화필름처럼 휘리릭 머리를 스쳤다. 생각이 정리되자 나는 평소보다 한층 높아진 톤으로 답했다.

"Why not?(물론이죠!)"

그날 이후 많은 것이 바뀌었다. 수석급 연구원 10여 명이 팀원으로 구성됐고, 나는 차세대 우주왕복선의 책임연구원으로 그들을 이끄는 선장이 됐다. 아시아의 작은 나라 한국에서 호기심 가득한 눈으로 NASA의 우주선을 바라보던 꼬마가 드디어 꿈을 이루게 된 것이다.

　NASA 랭리 리서치 센터의 책임연구원은 다른 지역의 NASA 책임연구원들과 모여서 회의할 일이 많았다. 1년여간 차세대 우주왕복선에 대한 연구로 눈코 뜰 새 없이 바쁜 나날들이 이어졌다. 우주인을 만나러 가기 위해 우주왕복선을 만들겠다는 어린 시절의 꿈이 제대로 이뤄지고 있음이 분명했다.

　팀을 이끈 지 꼭 1년이 되던 날, 미국 내 불경기 여파로 전체 프로젝트가 일시 정지 상태가 되었다. 나도 잠시 다른 연구를 해야 했다. 하지만 미국이 자체적으로 워낙 심혈을 기울이던 프로젝트인지라 몇 개월 만에 연구가 재개되었다. 그때부터는 새로 기안된 유인 우주선(Crew Exploration Vehicle, CEV) 연구에도 참여하게 되었다. CEV는 달에 우주인을 보냈던 1960년대 아폴로 프로그램에 기초해 "Back to the Moon and Beyond(다시 달 정복 그리고 달을 넘어 우주로)"라는 탐사 프로그램의 일환으로 지금까지 이어지고 있다. 여기서도 나는 역시 항법 및 제어 컴퓨터 시스템 책임자로 연구 개발에 참여했다.

달은 가장 자유로운 사고의 사람들이 간다

　NASA 사람들은 연구는 물론 일반적인 업무를 진행할 때 도움을 필요로 하는 누군가가 있다면 절대로 그냥 지나치지 않는다. 처음 NASA에 갔을 때는 동료들에게 물으면 그들의 시간을 빼앗는 것 같아 미안한 마음에 모르는 것이 있어도 혼자서 해결하려는 경우가 많았다. 하지만 이내 이런 자세가 오히려 팀워크를 저해한다는 사실을 깨닫게 되었다. 그들은 큰일이든 작은 일이든 궁금한 사항을 서로 물어보고 그때그때 머리를 모아 해결하며 팀워크를 더 단단히 다졌다.

　NASA 연구원들은 저마다 가장 업무 효율이 높은 시간을 찾아 개별적으로 일한다. 그래도 소위 땡땡이를 치거나 업무를 미루는 사람은 없었다. 철저한 책임감을 가지고 스스로 근무 시간을 조정해서 일하는 자율적인 분위기가 형성되었기에 불필요한 시간 낭비 없이 효율적으로 일할 수 있었다. 나를 포함한 대다수의 연구원들이 재택근무를 했고, 때로는 주말에 일하고 주중에 여가를 즐기기도 했다. 또는 밤에 일하고 오전에 쉬는 등 일반적인 근무 패턴과는 다른 생활을 했다. 얼핏 보면 언제 일하나 싶을 정도로 여유로워 보이기도 했지만, 자기가 맡기로 한 일은 빈틈없이 해 오는 진정한 프로들이었다.

　당시 나도 주말을 포함해 일주일에 4일은 집에서 일하고, 2~3일 정도만 연구소로 출근했다. 그 이틀 동안에는 반드시 참석해야 하는 회의나 동료들을 직접 만나 해결해야 하는 일들을 처리했다. 집에 있는 4일 동안 마냥 쉬는 건 물론 아니다. 연구와 관련된 일은 물론 학술회 준비나 기타 처리해야 하는 일들을 시간을 분배해 놓고 진행했다. 당시 재택근무를 하면서 중요한 일 중 하나가 세계전기전자공학회에서 발행하는, 공학 분야에서 세계적 권위를 자랑하는 잡지 〈IEEE〉의 편집위원으로 활동한 것이다. 2001년부터 일을 시작해 지금까지도 활동하고 있다. 출퇴근으로 인한 이동 시간이 줄어드는 만큼 취미 생활을 하거나 가족과 시간을 보내고 아들의 학교 봉사에도 많은 시간을 할애할 수 있었다.

NASA 연구원은 미국의 공무원이다. 따라서 학력과 경력 그리고 항공우주 연구 개발 및 달 탐사 같은 거창한 연구를 진행하는 것에 비해서 월급 수준이 높지는 않다. 그저 미국의 다른 공무원들처럼 중산층 수준의 월급을 받는다고 보면 된다. 사실 경제적으로만 보면 보잉에 비해서 월급 수준이 많이 낮은 편이다. 하지만 주변으로부터 받는 엄청난 존경이 그런 부분을 충분히 보완해 주고도 남았다.

규정상 미국 공무원은 대가성 선물을 절대 주고받을 수 없다. NASA에서 일한 지 얼마 되지 않았을 때 잠시 한국을 방문한 적이 있다. 그때 기념으로 한국민속촌에서 저렴한 가격의 선물을 구입해 NASA의 동료들에게 전해 주었다. 그러자 당시 상사가 아무리 규정에 맞고 싼 것이라도 본인이 살아온 삶의 규칙에 위배돼 받을 수가 없다며 정중히 거절하는 것이었다. 그 사람의 모습에서 나는 원칙을 중시하는 사회에 대해 다시 한 번 생각할 수 있었다.

자유롭되 그만큼 룰도 철저하게 지키는 NASA의 직원들. 그들은 자유로운 사고 속에서 최대의 효율을 위해 일하면서도 공통의 목표를 향해 머리를 맞대고 서로를 배려했다. 작은 부품 하나에도 비리가 있을 수 없는 그곳에서 그저 묵묵히 자기 역할을 다하니 완벽한 결과물이 탄생하는 것이다.

청바지에 티셔츠를 걸치고 머리에는 헤드폰을 끼고 햄버거를 먹으며 연구하는 사람들. 2~6주간의 휴가를 누구보다 알차게 보내는 사람들. 남의 명령을 받지 않고 알아서 자신의 일을 찾아 하는 사람들. 이런 자유로움 속에서 창의력과 책임감이 생기는 것 같다.

1% 호기심, 꿈을 쏘는 힘

Part 6
탐사

미래는 융합으로 가고 있다

EXPLORATION

CHAPTER 1
융합, 세상 모든 것에 날개를 다는 것

내 꿈의 종착역이라고 생각했던 NASA와의 이별을 결정하는 것은 쉽지 않았다. 그러나 나는 깨달았다. 내 꿈의 종착역이 NASA가 아니었음을. 우주왕복선이 지구로 귀환하듯이 나는 새로운 세상에서의 나의 비행을 성공적으로 마치고 서울로의 귀환을 결정했다. 나는 서울에서 다시 시작할 것이다.

서울에 도착하니 나도 모르는 사이 유명인 아닌 유명인이 되어 있었다. 사실 한국행을 결정하기까지는 그야말로 고민에 고민을 거듭했던 시간이었다. 결국 마지막 순간까지 마음을 정리하지 못하다, 신임 교수 오리엔테이션을 하루 남기고서야 한국행 비행기에 올랐다. 어떻게 짐을 꾸렸는지 기억나지 않을 정도로 공항으로 떠나기 직전에 부랴부랴 짐을 쌌다. 그러던 중 한국의 한 언론사 기자로부터 한

통의 전화가 걸려 왔다.

전화를 건 기자는 2010년 서울대에 새로 부임할 교수들 중 흥미 있는 인물들을 섭외해 인터뷰를 진행하고 있다고 밝혔다. 그러면서 내게도 몇 가지 질문을 하겠다고 말했다. 내일이면 귀국하니 그때 통화하자고 했지만 잠깐이면 된다며 질문을 던졌다. 잠깐의 질문이 꼬리에 꼬리를 물며 한 시간이나 이어진 후 인터뷰를 마치고 나머지 짐을 쌀 수 있었다.

응용하고 조합하라, 아이디어를 날게 하라

미국을 떠난 비행기가 한국에 도착한 건 늦은 밤이었다. 잠깐 눈을 부치는 둥 마는 둥 하다 날이 밝았고, 드디어 신임 교수 오리엔테이션 장소에 도착했다. 그런데 신기한 일이 벌어졌다. 처음 보는 낯선 사람들이 나를 보고 아는 척을 하는 것 아닌가. 기자들도 우르르 다가와 "김성완 박사 아니세요?"라고 물었다.

나중에 알고 보니 경황없이 갑자기 이뤄진 전화 인터뷰 덕분에 신문에 나에 대한 기사가 벌써 소개된 덕분이라 했다. 그 순간 정신없이 빠르게 돌아가는 한국 사회에 곧바로 투입되었음을 직감했다. 스피드 코리아, 빨라도 너무 빠른 코리아! '아! 이 속도에 어떻게 맞추지?' 한국 생활은 그렇게 시작되었다.

내가 한국에 돌아온 것이 뉴스긴 뉴스였나 보다. 주변에서도 의아해하는 사람이 많았고, 매스컴에는 "NASA 연구원이 서울대 의대 교수로 변신"이라는 제목이 꼬리표처럼 따라붙었다. 나 스스로도 부담감이 커졌다. 일단 의과대학 의공학 전공으로 한국행을 결심했고, 한국에 돌아온 이상 의공학 분야에 반드시 기여해야 한다는 생각에 어깨가 무거웠다. 이런 부담은 서울대 임용 결정 이후부터 오랜 생각과 준비를 하게 만들었다. 내 전공은 자동제어 분야이고 의공학과에서 석사과정 및 연구원으로 3년간 일하기도 했지만, 미국에서의 응용 분야는 항공우주였다.

자동제어, 항공우주 그리고 의공학. 이건 분명 내가 가진 연구의 입직이었다. 분명 나만이 할 수 있는 새로운 길이 있을 거라 생각했다. 그 답은 바로 융합이다. 공학과 의학과 항공우주가 만나 각자의 장점을 살린 연구로 인류의 삶의 질을 높이는 것. 내가 앞으로 하고자 하는 연구는 바로 '융합 의학'인 셈이었다.

새롭게 시작하는 의학 분야에 내 커리어를 접목할 첫 번째 아이디어는 보잉에서의 커리어가 답이 되어 주었다. 날개를 이용하는 것이었다. 즉 '모든 의료기기에 날개를 달자'는 것. 드디어 결론이 났다. 이런 시선으로 연구한다면 분명 구체적인 길이 보일 거라는 각오도 섰다.

한국에 오기 전부터 떠오른 아이디어가 있었다. 내시경에 관한 것이다. 내시경 시술은 여간 불편한 것이 아니다. 이를 위해 먹는 내시경이 있으면 좋겠다는 생각이 떠올랐다. 현존하는 캡슐형 내시경은 단점이 많다. 알약처럼 생긴 캡슐형 내시경을 먹은 후에 내시경이 신체 내부를 통과하면서 위장 내부 등을 촬영해 사진을 전송하는데, 이때 내시경에 장착된 카메라가 원하는 부위를 향하지 않을 때는 촬영할 수가 없게 된다.

이를 보완할 수 있는 방법이 뭘까, 생각해 보니 내가 가장 잘하는 '날개 달기'를 응용하면 될 것 같았다. 캡슐형 내시경에 비행기와 비슷한 날개를 달면 해결할 수 있을 듯했다. 외부에서 캡슐을 조작하면 이동이 가능해져 카메라의 방향, 위치를 바꿀 수 있게 되는 것이다. 서울대에 임용된 후 전문가들과 몇 번에 걸친 논의 끝에 이 기계는 '능동형 내시경'이라는 이름으로 한국과 미국 특허를 출원하게 되었고 최근 한국 특허 등록이 되었다는 통보를 받았다.

수술용 로봇을 보며 떠오른 아이디어도 있다. 기존의 수술용 로봇은 정교하고 부작용이 적은 대신 집도하는 의사들이 장시간 동안 어깨와 손을 사용해야 하는 고충이 있었다. 하지만 고가의 수술에도 불구하고 많은 이들이 선호하는 만큼 그 중요성이 커지고 있다. 나는 여기서 우주정거장의 로봇 팔을 떠올렸다. 우주왕복선이나 국제우주정거장에서도 로봇 팔을 이용해 우주 공간에서 필요한 작업을 수행한다. 조이스틱과 같이 생긴 조종대를 이용해 로봇 팔을 정교하게 움직이는 것이다. 이를 수술용 로봇에 접목한다면? 의사들이 직접 로봇 팔을 움직이는 것이 아니라 로봇 팔 4개를 조이스틱의 여러 기능을 활용해 작동시키는 것이다. 이를 통해 보다 정교하게 움직이고 장시간의 수술에 대한 부담도 덜 수 있게 한 것이다.

무에서 유가 아닌, 유에서 더 좋은 유로

이 밖에도 우주 공간에서 활용되는 것들은 우리 일상과 매우 밀접한, 미래 과학의 숙제들이 많다. 무중력 상태에서는 불순물이 거의 없는 고순도의 물질을 만들 수 있어 신약 개발이나 새로운 물질을 결합시키는 데 활용할 수 있다. 또한 우주인들이 근육이 약해지고 뼈의 칼슘이나 심장박동수도 내려가는 현상을 보이는데, 여기에서 착안해 골다공증의 연구 및 고령사회에 필요한 노화 연구, 인류의 생존 기술 등을 연구할 수 있다.

구체적인 예를 들면 관절의 경우 중력에 의해 무리가 가는 경우가 많은데, 우주의 무중력 상태를 재활의학과의 골다공증 치료에 응용하여 효과를 볼 수 있다. 물론 일반 외과의 경우에도 응용할 수 있는 분야가 다양하다. 아직 구상 중인 아이디어들도 많은데 이 모든 것이 항공우주과학에서 비롯된 것들이다. 항공우주과학의 중요성을 매번 강조해도 부족한 이유다.

현재 서울대에서 내가 진행 중인 과제는 일곱 가지다. 특히 앞서 언급한 의료 로봇 분야 중 수술용 로봇과 자동 제모 로봇, 재활 로봇 등은 그 관심도가 매우 커지고 있는 유망 분야 중 하나다. 앞으로는 의학과 의공학, 항공우주공학을 접목하는 학문이자, 우주여행을 위해 현재 미국을 중심으로 활발히 연구되고 있는 '항공우주의학'을 주도하는 것이 나의 새로운 목표다.

항공우주의학 연구를 위해서는 의학과 의공학, 항공우주공학을 제대로 이해해야만 한다. 내 경우에는 NASA와의 연결 고리가 있기 때문에 이 분야에서만큼은 최적임자라는 자신감이 있다. '600만 불의 사나이'를 만들겠다는 목표와 한국인 최초로 우주인이 되겠다는 어릴 적 꿈이 이제는 영화 "아이언맨"에서 주인공이 입는 특수복 같은 것을 개발해 인간의 신체적 한계를 과학으로 극복하고 더 나아가 우주여행을 가능하게 하는 목표로 바뀐 셈이다.

우주를 보며 꿈을 키웠고 의공학을 연구했고 우주를 통해 과학을 익혔다. 그 경험을 바탕으로 고국 하늘 아래 의공학이라는 이름으로 다시 섰다. 이제는 그간 쌓아 온 실력을 통해 대한민국을 미국보다 더욱 강성한 우주 강국으로 만들기를 꿈꾼다. 늘 도전하고 안주하지 않았기 때문에 언제나 좋은 성과를 얻을 수 있었다. 이번에도 마찬가지다. 끊임없이 도전하면 '대한민국 연구원들이?'라는 감탄이 나올 만큼 놀라운 일들이 벌어지리라 확신한다. "NASA에서 잘나갔는데 왜 한국에 왔느냐"고 묻는다면 이렇게 답할 것이다. "대한민국의 과학 발전에 날개를 달러 왔노라"고.

🚀 CHAPTER 2

적응도 능력이다,
융합이 답이다

2010년 3월, 서사 졸업 후 20여 년이 지나서 정교수로 돌아왔으니 그 감회는 말로 다할 수 없었다. 그렇지만 익숙했던 미국과 NASA에서의 생활을 뒤로 하고 만 48세 나이에 고국에서 초심으로 돌아와 일하려니 여간 힘에 부치는 것이 아니었다. 무엇보다 미국과는 전혀 다른 환경, 연구 자체보다 '코리아 스타일'에 적응하는 것이 가장 큰 일이었다.

귀국 초기 계속되는 기자들의 요구를 뿌리칠 수 없어 수차례 인터뷰에 응했다. 처음에는 '왜 한국에 왔는지'를 말하던 것이 점차 NASA에서의 일들과 앞으로의 계획 등 자세한 질문들이 오갔다. 미국의 경우 인터뷰라면 으레 미리 약속을 잡고 충분한 시간 동안 진행하는 것이 관례다. 하지만 한국은 달랐다. 대부분 급작스럽게 연락이 왔고, 그 자리에서 전화 인터뷰가 진행되거나 섭외가 이루어졌다. 처음에는 이런 시스템이 상대를 배려하지 않는 것 같아 너무 당황스러웠다.

느긋할 것인가, 서두를 것인가

길에서도 당황스러운 일들은 계속 벌어졌다. 횡단보도를 건너다 차에 치일 뻔한 적이 여러 번이었다. 그중 한번은 서울대학교 캠퍼스 안에서 벌어진 일이었다. 미국은 거의 모든 상황에서 보행자가 자동차보다 우선이다. 여기에 익숙해진 나는 횡단보도를 건널 때도 좌우를 살피지 않고 무심히 건너는 편이다. '당연히 차가 서겠지' 하는 생각 때문이다. 그런데 한국은 전혀 달랐다. 자동차들이 보행자의 움직임과는 전혀 상관없이 진입했다. 일단 정차한 차들도 가만히 서 있다기보다는 슬금슬금 앞으로 움직인다는 표현이 더 잘 어울렸다.

빨간불인데도 뒤에 있던 차가 왜 안 가느냐며 경적을 울리는 경우도 많았다. 사람도 없는데 왜 서 있느냐는 뜻이리라. 어디 그뿐인가. 지하철이나 엘리베이터에서는 안에 있는 사람들이 내리기도 전에 우격다짐으로 들어서는 경우가 다반사다. 이런 일이 비일비재하니 내리는 사람이 오히려 "죄송합니다, 좀 내릴게요"를 연발해야만 한다.

20여 년 전 미국에 도착했을 때 도무지 뛰어다니는 사람을 볼 수 없어 신기해했던 기억이 난다. 길을 걷는 사람 백이면 백 모두 느긋하게 걸어 다녔다. 그도 아니면 조금 빠른 속도로 걷는 것이 전부였고, 자연스럽게 줄을 서며 질서를 지키고, 자동차는 횡단보도에 사람이 건너든 말든 무조건 정차했다.

이런 모습들을 보며 아직도 우리 사회에 만연한 '빨리 빨리' 문화를 피부로 느낄 수 있었다. '이런 사회를 과연 선진사회라고 볼 수 있을까' 하는 조심스런 회의감마저 들었다. 물론 미국이라는 나라가 모든 것의 기준이 될 수는 없다. 다만 남의 것이라도 좋은 점은 내 것으로 받아들이는 자세가 필요하다고 생각한다. 더욱이 미국만큼은 내가 여러 곳을 가 보고 오랜 기간 살아 봤기 때문에 객관적인 평가가 가능한 것 같다. 땅덩어리 자체가 크고 다양한 문화가 공존하는 곳이니 만큼, 질서 자체를 당연하게 받아들이는 것이 가능했을지도 모른다.

서두르다 놓치는 가치에 주목하라

한국식 '빨리 빨리' 문화가 장점을 발휘할 때도 있다. 기업은 물론 관공서의 공문 처리나 업무 속도는 타의 추종을 불허한다. 미국은 한 달씩 걸리는 경우가 다반사다. 게다가 퇴근 시간과 동시에 업무를 손에서 놓기 때문에 아무리 급한 일이라도 진행할 수가 없다. 한국은 식당에서도 주문과 동시에 음식이 거의 바로 나와 시간을 아낄 수 있다.

하지만 매사를 서두르는 건 분명 좋은 것만은 아니다. 교수 세계에서도 눈에 보이는 업적을 위해 논문을 공산품 찍어 내듯 써내는 경향이 있는데, 논문의 질보다 논문을 써낸 양을 잣대 삼아 평가하는 것은 분명히 문제가 있다.

미국에서 절대 용납되지 않는 것이 바로 새치기와 거짓말이다. 한 번 거짓말이 발각되면 우리처럼 시간이 흐른다고 용서해 주지 않는다. 오히려 '거짓말쟁이'라는 꼬리표가 평생을 따라다닌다. 몇 년 전에 세상을 떠들썩하게 했던 논문 조작 사건이 대표적인 사례. 이 어처구니없는 일 때문에 당사자 본인뿐만 아니라 한국의 과학자에 대한 신뢰가 땅에 떨어졌다.

또 미국에서는 아무리 경쟁 관계라 하더라도 선의를 바탕으로 경쟁하며, 설령 경쟁에서 밀려 상대방이 기회를 잡게 되더라도 진심으로 축하하며 상대의 승리를 인정한다. 경쟁은 성과를 기준으로 객관적으로 판단하고, 절대 인신공격은 하지 않는다. 그렇기 때문에 경쟁에서 지더라도 서로 웃으며 돌아설 수 있는 것이다.

우리 사회가 이처럼 빠르게 성장하고 세계를 놀라게 할 수 있었던 것은 윗세대들의 성실과 근면 덕분이라고 생각한다. 이제 한국은 더 이상 아시아의 가난한 나라가 아니다. 이제부터라도 모든 일에 기본을 지키고 타인을 배려하는 진실한 마음이 절실하다는 생각이다.

내 조국이 세상에서 가장 아름다운 나라이길 바라는 마음은 누구라도 마찬가지일 것이다. 애국은 별게 아니다. 나부터 솔선수범하는 것이 바로 애국이다. 전 세계 모든 이들이 한국을 보며 감탄하고 다시 오고 싶어 하는 나라가 되길 간절히 바란다.

🚀 **CHAPTER 3**

1%들이 모여
100%를 향해 간다

항공우주공학을 접목시킨 의공학 연구는 우리의 미래가 어떻게 달라질 것인지에 대한 해답을 준다. 항공기나 우주선 조종석을 닮은 의료용 로봇 팔은 임상 의사들의 피로도를 크게 줄일 수 있다. 단순히 항공우주공학 연구에 만족했다면 찾을 수 없는 일들이었을 것이다. 어린 시절부터 키워 온 호기심과 관찰력은 작은 것도 그냥 지나치지 않는 태도를 갖게 해 주었다. 내가 상상했던 일들이 현실이 된다면 그보다 재밌는 일이 또 있을까? 과학은 늘 증명하려고 노력한 내 앞에 실체를 드러냈고, 그때마다 느꼈던 환희와 흥분은 또 다른 상상을 만들고 키워 냈다.

과학적 상상이란 어디서부터 어떻게 해야 하는 걸까? 말은 거창해 보이지만 방법은 의외로 간단하다. 생활 속 작은 불편들을 찾는 것에서부터 시작하면 된다. 과학은 '아, 나는 평소 이런 게 불편해' '아! 저 사람은 저래서 불편하겠다' 하는 생각에서 탄생한다. 불편한 일상의 모든 것을 메모하고 그것을 편리하게 바꾸겠다는 일념으로 고민에 고민을 더해 보자. 그것이 바로 '나무가 아닌 숲을 보는 연구'의 시작이다.

외인구단은 없다, 모두가 브레인이다

벌써 28년 전의 일이다. 서울대 대학원 시절, 인턴 연구원 자격으로 의공학과 연구실에 있으면서 함께할 동료 및 후배 학생들을 기다리던 때가. 이제는 교수의 자격으로 학생들을 기다리다 보니 자연스레 그때 일이 머리를 스쳤다.

미국에서 온 새로운 분야의 교수, 낯선 이력을 가진 나와 함께 의공학 분야의 연구를 함께하겠다는 지원자들은 누구일까. 지원자가 전혀 없는 것은 아닐까. 은근히 긴장까지 되는 순간, 노크 소리와 함께 학생들이 우르르 들어왔다. "의공학에 대해서는 잘 모르지만, 교수님의 업적을 듣고 감동받았습니다. 저도 교수님처럼 되고 싶습니다" "대한민국 의공학의 미래를 짊어지겠습니다" 등 각자의 포부도 대단했다. 호기심 어린 그들의 눈동자 속에서 젊은 날의 내 모습을 보는 것 같았다.

각기 다른 분야의 전공자들이 연구원으로 합류했지만, 서로 한 팀을 이뤄 각각의 프로젝트를 수행하는 것을 보면 자랑스럽기만 하다. 그렇다고 처음부터 이렇게 든든한 팀워크를 자랑했던 건 아니다. 달리 하고 싶은 것이 없어서, 담당 교수인 내 이력이 특이해서, 심지어 단지 새로 생긴 연구실이라는 이유로 찾아온 친구들도 있었다. 지원하는 학생은 웬만하면 받아 주었기에, 동료 교수들은 우리 팀을 '외인구단'이라고도 부른다. 하지만 나는 비록 호기심에서 찾아온 그들도 아직 자신의 꿈을 찾지 못했을 뿐 꿈이 없는 학생들이라고는 생각하지 않는다. 이들의 호기심에 조금만 불을 당겨 주면 길을 찾을 수 있는 것은 당연했다. 내 믿음은 길지 않은 시간에 성과로 나타났다.

"구체적인 꿈은 없지만 교수님처럼 되고 싶어요"라고 말했던 한 친구는 현재 우리 연구실 최고의 브레인으로 변신했다. 달라진 아들의 모습에 어머니까지 연구실을 찾아와 감사 인사를 전했을 정도다. 한 학생은 집에도 가지 않고 연구실에서 먹고 자며 '연구실 귀신'이 됐다. 대학원 생활을 시작한 이후 처음으로 이런 긴장감과 열정을 느껴 본다는 고백도 들었다.

대학 졸업 후 대학원까지 와서 시간을 낭비하는 사람들을 보면 안타깝기 그지없다. 공부를 더 하겠다는 것은 그 분야에서 최고가 되겠다는 의지가 아닌가! 대학원에 들어와 연구하고자 하는 학생이라면 무엇보다 마음가짐부터 갖췄으면 좋겠다. 아직 꿈을 찾는 중이어도 좋다. 때로 어떤 일에 몰두하다 보면 점차 꿈이 확실해지기도 한다. 망설여도 좋다. 다만 포기하거나 그대로 멈춰 있으면 안 된다.

대학 연구도 마찬가지다. 교수들의 논문을 서포트하거나 단순히 연구 업적을 올리기 위해 수치화된 결과물을 내놓는 건 결코 바람직하지 않다. 그런 연구 대신 학생들 개개인이 발전할 수 있는 연구여야 하고, 우리의 삶에 도움이 되는 실질적이고 실용적인 연구여야 한다. 자기 연구가 실생활에서 구현되는 창작의 기쁨을 느낄 때, 비로소 즐거움과 보람을 느낄 수 있기 때문이다.

'외인구단'으로 시작된 우리 연구실 학생들은 3년이 지난 지금 열 명을 넘어섰고, 대한민국의 의공학을 이끄는 젊은 피가 되었다. 남이 가지 않는 길이라고 포기하는 사람들이 있다. 하지만 내가 그랬고 우리 학생들이 그랬듯, 아무도 가지 않았기에 가야 하는 길도 있다. 새 길을 개척하고 꿈을 이루는 감동을 더 많은 사람들이 누릴 수 있었으면 좋겠다.

우리의 미래는 이렇게 달라질 것이다

나는 지난 27년간 자동제어 분야를 의공학과 항공우주공학에 응용하고 있다. 자동제어 기술은 항공우주 분야뿐만 아니라 인체에 적용할 경우 인공심장과 인공팔, 인공다리, 수술 로봇 개발, 자동혈당 조절장치 등 적용 가능한 분야가 무궁무진하다. 기계공학과 인공지능과 연계하면 더욱 다양해진다. 가속이나 브레이크를 밟지 않아도 자동으로 속도를 맞추는 인공지능 기능을 탑재한 자동차, 뇌파를 이용해 움직이는 로봇도 사실은 모두 제어 원리를 이용한 것이다. 모든 기술의 기본이 제어라고 해도 될 정도다.

항공우주공학도 마찬가지다. 기상관측이나 전 세계 실시간 방송을 송출하는 인공위성 기술을 시작으로 전자레인지, 심장제세동기 등이 모두 이를 토대로 만들어졌다.

2010년 3월, 한국에 돌아온 후 지난 3년의 성과는 서울대학교와 교과부 및 민간 연구소의 연구비를 유치해 '생체제어 및 모델링(Biomedical Modeling & Control, BMC)' 연구실을 만든 것이다. 이 연구실에서는 서울대학교 의과대학과 서울대학교병원에서 필요로 하는 의료용 로봇 분야에 대한 연구를 수행 중에 있으며, 종료된 과제 1개를 포함하여 8개의 연구 과제를 진행하고 있다. 유방암의 조기 진단, 한국인 체형에 맞는 당뇨병 모델 개발, 수술용 로봇, 재활 로봇, 로봇 팔을 이용한 자동 제모 시스템, 피부 진단 장비, 움직이는 캡슐 내시경, 항공우주의학이 그것이다. 효과적인 연구 수행을 위해 서울대 의대 예방의학교실 및 생리학교실, 서울대학교 병원 내과, 비뇨기과, 외과, 재활의학과, 피부과, 서울대 공대와 팀을 이루어 각각의 특성에 맞는 과제를 함께 고민하고 있다. 위의 연구를 토대로 미국 특허 3건을 출원했고 한국 특허는 6개를 출원했다. 2개는 최근 등록을 완료했다.

나는 서울대학교 의과대학 교수로 임용된 동시에 서울대학교병원 교수로도 임용되어 있다. 서울대학교병원 교수로서 의료정보센터 일을 지원하고 있으며 2011년에 서울대학교병원 내에 직원증을 이용한 출입통제 등의 시스템을 구축해 좋은 성과를 거둔 바 있고 최근에는 보다 안정되고 성능이 향상된 차세대 네트워크 사업을 지원하여 마무리가 되었다.

단순히 한 가지 분야에만 자동제어를 적용하겠다고 하는 것은 온전한 연구가 될 수 없다. 미래를 내 손으로 바꾸겠다는 거창함도 있지만, 그 이전에 내 분야에서만큼은 최고가 될 수 있도록 노력하는 자세가 세상에서 가장 게으르고 만만치 않은 상대인 나 스스로를 이기는 방법이라고 생각한다. 공부를 하다가 지치고 힘들 때, '이런 공부는 왜 할까?'라고 생각하는 대신 '이 과목만큼은 내가 최고가 될 거야'라는 목표로 공부해 보기를 권하고 싶다. 모든 일은 하고자 하는 사람의 자세에 따라 달라지기 때문이다.

CHAPTER 4

사소한 것부터 챙겨라, 생활 속 이기는 습관들

내 연구실을 찾는 사람들의 표정은 대개 두 단계로 나뉜다. 처음에는 깨끗한 연구소를 살펴보며 '음, 굉장히 깔끔하군' 하는 표정을 짓는다. 그러다 책꽂이에 색인별로 꽂혀 있는 서류철을 보면서부터는 심상치 않은 표정으로 바뀐다. '이 사람, 편집증 아냐?' 라는 의심의 눈길이 느껴진다.

어린 시절부터 나는 정리하고 메모하는 일에 도가 텄다는 말을 자주 들어 왔다. 아내는 종종 '피곤한 스타일'이라며 우스갯소리를 하기도 한다. 부부싸움을 하다 아내가 꺼내 놓은 엄청난 무기에 두 손을 든 적도 있다. "당신 서재와 책상을 전부 어지럽히겠어요!" 이 말은 내게 그 어떤 말보다도 무시무시한 공격이었다. 칼같이 줄을 맞춰 서 있어야 하는 필기구와 책상 위를 어지럽히겠다니, 생각만 해도 끔찍했다. 결과는? 당연히 '항복' 아니겠는가.

정리도 실력이다, 메모는 능력이다

아주 어릴 때부터 나는 메모하기를 좋아했다. 무언가 엉뚱한 공상이 떠오르면 마치 대단한 발견이라도 한 양 작은 수첩에 꼼꼼히 적어 내려 갔다. 메모할 때는 당시의 상황은 물론, 당시 느낀 기분까지 적어 다음에 살펴볼 때 쉽게 기억해 낼 수 있도록 하는 편이다.

빨간 펜을 적절히 활용하는 것도 포인트다. 중요한 부분은 빨간색으로, 나머지는 검정색으로 쓴다. 그 위에 중요한 내용이 생기면 포스트잇을 활용해 따로 정리해 붙이고 분야별로 서류철을 만들어 묶어 둔다. 이렇게 해 두면 오랜 시간이 지나도, 어떤 자료를 찾을 때나 아이디어를 도출하기 위해 살펴볼 때 찾아보기가 쉽다. 또 당시 떠올렸던 일들을 하나도 빠짐없이 기억해 낼 수도 있다.

책을 읽은 후에도 메모는 멈추지 않는다. 감동받은 내용이나 기억해 둬야 할 자료가 담긴 내용은 반드시 메모하고, 역시 찾아보기 쉽게 서류철을 만든다. 이토록 기록에 집착하는 이유가 무엇일까. 학창 시절, 암기 과목 때문에 지루해진 적이 많았다. 그럴 때면 무작정 외우는 대신, 중요한 부분을 발췌해 메모하며 노트에 따로 정리하면 외우지 않아도 저절로 이해가 됐다. 이런 식으로 여러 번 반복하다 보면 저절로 외워지면서 어떤 페이지에 어떤 내용이 있었는지까지 선명하게 떠오를 정도가 됐다.

연구원들은 특히 메모를 자주 하는 습관이 있다. NASA에서도 회의나 연구할 때면 대부분의 연구원들이 메모하는 모습을 볼 수 있는데 그 방법은 천차만별이다. 어떤 사람은 포스트잇에 예쁜 정자체로 한번에 정리하는가 하면, 어떤 사람은 아무 종이에다 휘갈겨 쓴 다음 나중에 자기 노트에 따로 옮겨 적었다. 메모는 어떤 일을 다시 한번 머릿속에 각인시키고 이해하기 위한 작업이다. '메모를 언제 해, 그냥 기억하고 말지' 혹은 '대충 아무 곳에나 적어 두면 되지' 하고 생각하는 순간, 시간이 지났을 때 다시 기억해 내기 어려울 뿐더러 메모를 전혀 하지 않은 것과 마찬가지가 된다. 처음에는 불편하게 느껴지겠지만 습관이 되면 불편함도 곧 사라진다. 다른 사람의 이야기가 중요하다 생각된다면, 조용히 그의 말을 정리하고 언제 어디서 어떻게 왜 만났는지 육하원칙에 맞는 정보를 넣어 주면 되는 것이다.

메모란 단순히 종이에 적는 일이 아니다. 본질을 이해하고 영원히 내 자료를 만들어 가는 과정이자 내 인생의 기록이다.

기록하는 자와 흘려보내는 자

자료를 정리하고 기록을 보관하는 방법은 내 나름대로 조금씩 발전해 왔다. 1996년 이후부터는 수첩에 손으로 직접 썼다. 2002년 이후부터 10년간은 전자수첩에 저장했는데, 중요한 자료가 있을 때마다 따로 정리해서 모아 두었다. 1989년 이후의 모든 이메일 자료를 정리해서 보관해 두었으며, 각종 프로젝트 자료와 회의록도 보관하고 있다. NASA에 있을 때 주변 동료들이 문제에 대한 답을 찾고 나서 뒷받침할 만한 증명 자료가 필요할 때면 했던 말이 있다. "That will be right because Sungwan said so(성완이 얘기했으니 그게 맞을 거야)."

한 가지 예가 더 있다. 미국의 연구소는 프로젝트의 효율을 높이기 위해서 해당 프로젝트의 연구원들이 한 장소에 모여 일을 한다. 프로젝트를 따라 이사 가는 일이 잦았는데, 그때마다 책과 자료가 항상 같은 자리에 있어야만 하는 나의 성격 탓에 디지털카메라가 제 역할을 톡톡히 했다.

디지털카메라가 널리 보급되기 시작한 2002년부터는 이사 때마다 아예 부문별 사진을 먼저 찍어 뒀다. 이삿짐을 옮긴 후에는 그 사진을 보며 정리하면 된다. 이렇게 하면 물건을 찾는 시간도 줄고 방을 옮겨도 늘 일하던 동선대로 움직일 수 있기 때문에 집중력이 분산되는 일이 줄어들게 마련이다. NASA 동료들도 처음에는 뭘 사진까지 찍느냐고 했지만, 얼마 후부터는 다들 따라 하기 시작했다. 미국에서 한국으로 이사 올 때도 찰칵찰칵 카메라부터 들이댔다. 기록의 힘이 얼마나 위대한지 아는 사람은 절대 이 '괴상한' 습관을 버리지 못할 것이다.

정리도 메모와 같은 원리다. 주변 정리가 잘 되어 있으면 그만큼 일이나 공부할 때 집중도와 효율성이 높아진다. 주변이 어수선해야 공부가 잘된다는 학생들도 있는데, 그런 경우는 특별히 다른 사람들보다 집중도가 높은 사람일 확률이 크다. 그 외의 사람이라면 대부분 책상 위에 공부할 책과 노트, 필기구 몇 개면 충분하다. 책상이 어지러우면 어지러울수록 집중을 방해한다.

내게는 25년여의 시간 동안 이어 온 정리와 메모의 역사가 있다. 무엇보다 자랑스러운 나만의 역사다. 삶을 그냥 흘려보낸 자와 지나온 삶을 꼼꼼히 기록한 사람의 차이는 매우 크다고 생각한다. '몇 월 며칠 몇 시에 만난 아무개'에 대한 기록이 있다고 치자. 그러면 그 당시 그가 내게 얼마나 중요한 사람이었는지, 심지어 그날의 상황까지 기억할 수 있다. 모든 정보를 기억할 수는 없다. 그래서 더욱 필요한 것이 메모와 정리다.

1% 호기심, 꿈을 쏘는 힘

Part 7
귀환

무엇을 위한 성취인가

RE-ENTRY

CHAPTER 1

행복은
높은 곳에 있지 않다

한국에 온 후 가장 많이 듣는 말 중 하나가 '글로벌 리더'라는 말이다. 초등학교에 다니는 어린 학생들은 물론 대학생들까지도, 마치 대한민국 전체가 글로벌 리더를 향해 달리는 전차처럼 느껴진다. 그렇다면 글로벌 리더란 어떤 사람을 말하는 걸까.

진정한 글로벌 리더는 남을 위해 배려하고 봉사하며 남에게 본보기가 되는 사람이다. 그런 사람을 따르지 않을 조직은 없다. 이런 기본적인 바탕이 마련된 후에야 언어건 능력이건 보여 줄 수 있는 것이다. 기틀이 없는 집은 쉽게 무너진다. 기본적인 인성도 갖추지 못한 채 '보여 주기용' 능력과 스펙만 기르는 우를 범하지 않았으면 좋겠다.

진정한 교육은 가정에서부터 시작된다는 것은 아무리 강조해도 지나치지 않을 것이다. 자녀에게 보여 줄 것이 있는 삶, 가르쳐 줄 것이 있는 삶을 산다면 나는 그것이 바로 성공한 리더의 삶이라 여긴다. 어릴 적 아들이 "아빠처럼 공학자가 되고 싶다"며 장래희망을 말한 적이 있었다. 아빠의 직업을 선망하고 있다는 생각에 며칠 동안이나 기분이 좋아 싱글벙글했던 기억이 난다. 아들 마루치는 현재 UC버클리에서 전기전자전산제어를 전공하고 있다. 아들과 아버지가 나란히 NASA에서 일하고 대한민국을 위해 일할 수 있다면 그보다 더 큰 영광이 있을까. 아직은 실현되지 못한 꿈이지만, 가끔 그런 생각을 할 때면 삶에 대한 감사함이 쏟아져 마음이 따스해지곤 한다.

하루 5분, 온 가족이 수다를 떨라

부모는 자녀에게 재산을 물려줄 것이 아니라, 어떻게 살 것인지 또 어떻게 돈을 벌어서 어떻게 쓰는 것이 현명한지를 가르쳐야 한다. 자녀 교육보다 중요한 것이 또 있을까. 나 또한 마루치가 공부할 때면 곁에서 함께 연구하거나 책을 읽는 등 공부하는 모습을 자주 보여 주었다. 이유는 하나다. '솔선수범'하는 부모의 모습을 보이기 위해서였다. 부모의 솔선수범보다 효과적인 학습법은 없다.

한국에서 공부하고 미국에서 사회생활을 시작한 나는 미국의 교육 시스템을 잘 몰랐다. 그래서 고안해 낸 방법이 바로 미국의 교육 과정을 직접 공부하고 배우는 것이었다. 나를 필요로 하는 학교가 있다면 아들이 다니는 학교 행사는 물론, 거의 모든 학교 행사에 적극적으로 참여해 자원봉사 활동을 했다. 또 마루치와 함께 학교 홈페이지 매니저로 활동하기도 했다. 이렇게 되자 공통된 주제로 아들과 대화할 수 있는 시간이 늘어났다. 홈페이지 관리는 많은 시간을 쏟지 않아도 아들의 학교생활을 비교적 소상히 이해할 수 있어, 바쁜 아빠들에게 꼭 권하고 싶은 일 중 하나다.

하루 5분 이상 아이와 대화하고, 아이에 대한 관심을 드러내는 일은 아이로 하여금 자기 뒤에 늘 부모가 든든한 지원군으로 존재한다는 것을 믿게 한다. 부모의 마음을 믿는 아이는 쉽게 탈선하지 않는다고 한다. 부모의 기대감에 함부로 상처를 낼 수 없기 때문이란다. 내 경험상 관심이라 해서 엄청난 시간과 노력이 필요한 건 아니다. 아이의 말에 귀를 기울이는 것이 바로 관심의 첫걸음이다. 물론 아이의 말에 귀를 기울이는 일이 말처럼 쉽지만은 않다는 것도 잘 안다. 이럴 때 쓰는 말이 있지 않은가. '참고 또 참고 그리고 또 참으라.'

동시에 '말하고 또 말하고 그리고 또 말하고' 같은 자세도 필요하다. 아이가 어떤 일을 거부한다면 화를 내기 전에, 아이가 행동에 옮길 때까지 계속 이야기해 줘야 한다. 어른도 남에게 들은 말을 한 번에 실행하기가 어려운데, 하물며 아이들은 오죽하겠는가. 만약 실행하지 않는다고 부모가 나서서 해결해 버리면 더욱 좋지 않은 결과를 가져온다. 예를 들어 경시대회 참가 서류를 내야 하는데, 아이가 마감일이 다가왔는데도 서류를 작성하지 않았다고 가정해 보자. 이때 아이에게 두세 번 정도 이야기해 인지시켜 주는 것이 부모의 역할이지, 한두 번 얘기해서 안 듣는다고 부모가 대신 작성해서 제출해 버린다면 아이를 망치는 지름길이 되고 만다.

지나친 조기교육 역시 아이를 망치는 지름길이다. 신체의 성장이 시작되는 아이에게 무리한 운동을 시키면 발육이 저하되게 마련이다. 또 음악적 재능이 있는 아이에게 지나치게 연습을 강요하면 중도에 포기하듯 무엇이든 지나친 것은 모자란 것만 못하다. 잘하는 옆집 아이를 보면서 초조하고 불안할 수는 있다. 그러나 내 아이와 옆집 아이는 다르다. 다른 집 아이를 바라보며 우리 아이는 느리다고 말하는 부모가 있다면 "그럼 당신은 다른 집 부모와 똑같은 사람입니까?"라고 묻고 싶다.

부모들에게 전함, 자녀는 '똘아이'다

아이들은 '똘아이'일 수밖에 없다. 부모보다 경험도 적고, 배움의 양도 적고, 세상을 보는 시각도 좁기 때문에 부모의 생각과는 많은 부분이 다를 수밖에 없는 것이다. 나도 그랬지만 많은 부모들이 무심결에 "그냥 시키는 대로 해"라고 말하는 경우가 많다. 설령 부모가 잘 알아듣게 설명했다 해도, 아이가 사고 칠 확률이 확 줄어들진 않는다. '아휴, 자식만 아니면 그냥 확!' 하는 생각이 들 때가 열손가락

꼽고도 넘칠 만큼 수도 없다. 하지만 어쩌겠는가, 내 자식인 것을. 욕해 봤자 누워서 침 뱉기요, 참고 넘기는 것이 최고의 방책이다.

'참을 인 세 번이면 살인도 면한다'는 말처럼, 세 번만 참으면 아이들도 무탈하게 자라는 것 같다. '하지 마'란 말에 더 열심히 하고 '자라'는 말에 더 말똥말똥해지는 이 괴물을 어떻게 이해할 수 있을까. 때로는 연구로 접근해 보기도 하고 때로는 이해하는 것 자체를 포기해 버리기도 했다. 하지만 그 속에서 얻은 양육의 비법은 이해될 때까지 들어주고, 이해할 때까지 이야기해 주고, 참을 수 없을 때에도 또 참으라는 것이다.

부부의 역할 분담도 중요하다. 한 사람이 야단치는 역할이라면 한 사람은 달래 주어야 한다. 적절한 시기에 아주 무섭고 단호하게 야단치는 것도 중요한 양육 방법이다. 다만 '생쥐도 구석에 몰리면 고양이를 문다'는 말처럼 부모가 장단 맞춘답시고 동시에 야단을 치면 절대 안 된다. 이렇게 되면 돌이킬 수 없는 강을 건너는 것일 뿐이다.

부부가 아이를 훈육할 때는 미리 작전을 짜는 것이 중요하다. 한 사람이 악역을 맡고 야단을 치면, 다른 한 명은 모른 척하는 것이 좋다. 이후 혼이 나서 기가 죽은 아이를 다른 한쪽이 따뜻하게 달래 주어야 하는 것이다. 이때 아이는 보통 온갖 핑계를 대면서 그래도 자기가 잘했다고 우기기 마련이다. '이놈 봐라, 더 혼나야 정신 차리겠군' 하는 생각이 들겠지만, 무조건적으로 아이 편을 들어 주는 것이 좋다. 이미 한 번 혼났기 때문에 잘잘못에 대한 판단은 스스로도 했고, 섭섭한 마음을 토로하는 방식을 몰라 그렇게 표현하는 것뿐이기 때문이다.

달래 주는 역할을 맡은 부모가 혼을 낸 부모의 마음을 잘 전달해 주는 것도 중요하다. "네가 미워서가 아니라 네가 한 행동이 위험해서 혼낸 거야. 아빠가 널 얼마나 사랑하는데"라며 악역이 화를 낸 이유를 명확히 전달해 주는 것이다. 참고 또 참고 또 참다 보면 억울한 생각도 든다. 하지만 어쩌겠는가. 우리 부모도 우리를 그렇게 키우셨을 텐데.

🚀 **CHAPTER 2**
지금 가진 것부터
감사하라

자녀들은 부모가 무심코 한 약속도 굳게 믿는다. 부모가 그 약속을 지켜야 아이들도 비로소 약속을 지키는 자세를 갖추게 된다. 부모가 사소한 약속조차 지키지 않으면서 아이들이 약속을 지키기 바라는 것은 어려운 일이다. 가정에서부터 약속을 지켜 나갈 수 있도록 지도하는 것이 아이를 책임감과 도덕성을 두루 갖춘 사람으로 키우는 방법이다.

관계를 이어 주는 소중한 열쇠, 약속

아이들은 대개 개나 고양이 같은 애완동물을 키우고 싶어 한다.

후에 알게 된 사실이지만, 애완동물을 키우는 것이 자녀의 인격을 형성하는 데 크게 도움이 된다고 한다. LA에 살 때 마루치가 애완동물을 사 달라고 조른 적이 있었다. 우리 부부는 귀찮은 마음에 "지금 살고 있는 아파트는 좁고, 대도시에서는 키우기도 힘드니 나중에 여건이 되면 키워 보자"고 대충 둘러댔다. 이후 오랜 세월이 지나 버지니아의 전원주택으로 이사했을 때, 마루치는 다시 강아지를 사 달라고 말했다.

예전에 했던 말은 기억조차 나지 않았고 역시 귀찮은 마음에 "강아지 키우는 게 쉬운 일이 아니야"라고 했더니 "오래 전에 큰 집으로 이사하면 사 준다고 약속하셨잖아요"라는 것 아닌가. 순간 등골이 오싹해졌다. '아이와 한 약속이니 꼭 지켜야겠구나'라는 생각과 '우선은 시간을 좀 끌어야겠다'라는 생각이 머릿속에서 겹쳤다. 급한 대로 "잘 알아보고 1년 안에 사 줄게"라고 말해 위기를 모면했다.

그래도 약속은 약속인지라 이후 강아지 한 마리를 선물로 사 주었다. 하지만 강아지를 산 것은 시작에 불과했다. 미국에서 개를 키우려면 개 교육 전문학교를 다녀야만 한다. 하는 수 없이 그로부터 20주 정도를 온 가족이 매주 토요일 오전에 2시간씩 교육을 받고 강아지를 훈련시키며 강아지와 함께하는 삶을 시작했다. 학교 졸업식에서는 강아지에게 학사모를 씌우고 가족사진까지 찍어 주게 돼 있었다. 그야말로 '개팔자가 상팔자'라는 생각이 절로 들 정도였다. 그러나 고생이라면 고생인 초기 관계 정립이 끝나자 이제는 소중한 우리 가족 구성원 중 하나가 되었다.

만일 그때 아들의 이야기를 흘려듣고 약속을 지키지 않았다면 어땠을까. 별일 없이 지나갔을 수도 있지만, 아들과의 신뢰가 어느 정도 무너졌을 수도 있다. 이후로 아들과의 대화에서는 흘려듣거나 임기응변식의 대답은 절대 하지 않으려 노력한다.

누가 미국은 대학 가기 쉽다고 했나

한국 사람들은 '미국은 대학 가기 쉬운 나라'라고 생각하는 경우가 많다. 하지만 미국에서 사교육 없이 아이를 명문대에 보낸 아빠로서 단언컨대 절대, 절대 그렇지 않다.

일단 마루치의 고교 시절 일과를 들여다보자. 아침 5시 30분 기상, 6시까지 등교, 12시까지 고등학교 수업, 1시까지 점심식사 후 버지니아 주에서 운영하는 과학 프로그램에서 3시 30분까지 공부, 이후 6시까지 테니스 등 특별활동 참여, 이후 저녁식사를 하고 클라리넷 등의 악기를 연습하거나 친구들과 모여서 숙제, 그러고 나서 보통 새벽 1시나 2시가 되어야 잠자리에 든다.

좋은 대학에 진학하기 위해서는 학교 성적과 SAT 점수, 에세이뿐만 아니라 특별활동 등 학업 외 다른 활동 2개 이상을 잘해야 한다. 지원하고자 하는 대학은 보통 학교 성적과 SAT 점수로 결정할 수 있다. 그런데 특정 대학을 기준으로 보면 학교 성적이나 SAT 점수가 비슷비슷하기 때문에, 다른 지원자와는 다른 활동이나 특별한 무언가가 필요하다. 예를 들어 마루치는 학교 성적이 전교 1등이었지만 버클리 공대에 지원하는 학생들 치고 전교 1등 아닌 경우가 드물다. SAT 점수도 만점에 가까웠지만 그것도 기본적인 것이다. 그 외 필요한 것이 에세이와 특별활동, 자원봉사 활동인데 이것 역시 대부분의 경우 기본적으로 다들 하기 때문에 관련 분야에서 큰 상을 받았다거나 대표로 활동한 경험이 유리하다.

다양한 경험은 과학 프로그램이나 테니스 같은 운동, 혹은 악기 등을 통해 얻을 수도 있지만, 가족과 함께하는 여행도 훌륭한 특별 활동이 될 수 있다. 우리 가족은 마루치가 중학교 때까지 반드시 1년에 한 곳 이상을 여행했다. 직접 보고 산 지식을 얻을 수 있기 때문에 될 수 있으면 대자연을 볼 수 있는 곳으로 갔다. 그리고 1년에 한 번씩은 가족사진을 찍는데, 이는 지금도 이어져 오는 우리 가족만의 중요하고도 재미있는 이벤트다.

마루치의 대학 생활도 바쁘기는 마찬가지다. 버클리 공대는 미국 명문 대학 중에서도 공부 양이 많기로 유명하다. 한국은 고등학교까지 열심히 공부하고 대학부터는 좀 편하게 생활하는 분위기지만, 미국에서는 대학 때 더 많은 노력이 필요하다. 마루치도 학기 중에는 빨래하면서 책을 읽고, 잠자는 시간과 잠깐의 주말 휴식시간 외에는 항상 책을 끼고 살아야만 성적을 유지할 수 있었다.

마루치와 마찬가지로 고등학교 시절 줄곧 A학점만 받았던 수재들이 모여 수업을 듣지만, 정작 학기 말이 되면 반 정도가 C나 D를 받는다. 공부 그 자체에 머리를 싸매야 살아남는 미국의 대학과 취업 준비 과정으로 전락해 버린 한국의 대학, 과연 어디에 더 희망이 있다고 생각하는가?

CHAPTER 3
소통하라,
사람이 기쁨이다

나는 어떤 사회에서건 '소통'이 가장 중요하다고 생각한다. 소통이 이루어지지 않는 조직은 어떤 목표를 향하건 삐거덕거릴 뿐이다. 서로를 이해하고 같은 목표를 향해 달려갈 때 가장 기본이 바로 소통이다. 미국에서는 교수가 학생에게 권위를 내세우지 않는다. 열린 마음으로 학생들의 생각을 묻고 혹 잘못된 답변이 나오더라도 무시하지 않고 대화를 통해 이해시킨다. 수업이 끝난 후에는 자신을 교수라 내세우지 않고 하나의 평등한 인격체이자 인생의 선배 정도의 위치로만 서 있을 뿐이다. 그런 교육을 받아서인지 나 역시도 우리 학생들에게 권위적인 교수이기보다는 함께 웃고 떠들며 위대한 탄생을 만드는 동료 과학자가 되길 바란다.

수다 좋아하는 선배를 멘토로 삼으라

　나와 학생들과의 관계는 학문 분야에서는 지도자, 생활에서는 대선배에 가깝다. 나 스스로도 젊은이들의 학문적·정신적 멘토로 생활하려 노력한다. 학생들 개개인과 거의 일주일에 한 번씩은 면담을 하며, 학문·연구 분야뿐만 아니라 인생 전반에 대한 이야기를 나누곤 한다. 전체 학생들과 일주일에 한 번꼴로 밥을 먹으면서 이야기를 나눈다. 물론 대학생은 성인이다. 하지만 아직은 학교라는 울타리 안에 있기 때문에 인생 선배나 부모의 조언이 절대적으로 필요한 나이다. 그 경계선을 잡는 것이 어렵기는 하지만, 최대한 학생의 결정을 존중하되 그 결정이 옳은 것이 될 수 있도록 많은 시간 대화하고 이야기를 들어주어야 한다. 소통만으로도 학생들에게 큰 도움이 된다고 믿는다.

　학생들은 처음에는 지도 교수와 같이 밥을 먹는 것조차 어려워한다. 그러나 시간이 지나면 점점 가까워져 "교수님, 식사하러 가시죠"라며 먼저 제안하곤 한다. 그런데 학생이 먼저 나에게 식사하러 가시겠냐고 할 때는 대체로 '고민이 있다'는 뜻인 경우가 많다. 20대 젊은 친구들이 나에게 고민 상담을 하려고 찾아온다는 것은 내게도 굉장한 행운이라 생각한다. 학생들이 찾아오면 아무리 바빠도 시간을 내기 위해 노력하고, 그날 만나지 못하면 다른 날짜를 잡아서라도 만난다.

그래서 나는 연구실 문을 항상 열어 놓는다. 학생들이 편하게 들락거리게 하기 위해서다. 친밀감이라는 것은 하루아침에 얻어지는 것이 아니다. 시간을 통해 서로가 마음을 활짝 열어야만 만들어지는 것이다. 어떤 사람들은 "젊은 사람들이 먼저 고개를 숙이고 예의 있게 굴어야 한다"고도 말한다. 그러나 그런 관계에서는 친밀한 유대감이 생기기 어렵다. 그리고 일부러 그런 예의를 갖추기보다, 상대를 진심으로 대했을 때 그 속에서 저절로 예절이 자연스럽게 우러나오는 것이라 생각한다.

지도하고 있는 학생들에게 친밀감 있는 교수, 큰형 같은 선배, 고민을 상담할 수 있는 멘토라는 말을 들어 본 적 없는 사람이 어디에서건 리더라는 말을 들을 수 있을까? 학생들은 아직 어리기 때문에 많은 실수와 시행착오를 겪기 마련이다. 이럴 때는 제자를 불러서 알아들을 만큼 야단도 친다. 미움보다 무서운 것이 무관심이다. 제자들의 실수와 시행착오를 귀찮다는 이유로 그냥 넘어간다면 이후에도 똑같은 실수와 시행착오를 반복하게 된다. 지도하는 입장에서는 때로 무섭게 야단치는 것도 제자를 사랑하는 한 방법이다. 아들 마루치를 키울 때도 그랬다. 필요하다면 사랑의 매를 들기도 했고, 눈물이 쏙 나올 만큼 무섭게 혼내기도 했다. '무조건 사랑만 쏟는 건 아이를 망치는 지름길'이라는 어른들의 말씀을 나는 지금도 가슴 깊이 새기고 있다.

2012년 어느 날, 한 제자로부터 "교수님은 제게 제2의 아버지입니다"라는 말을 들은 적이 있다. 마치 친아들에게서 인정받은 듯한 기분이 들어 하루 종일 행복했던 기억이 있다. 이런 말을 듣는 이상 '월급만 축내는 그저 그런 교수는 아니구나' 하는 위안과 함께 제자들과 소통하고 그들과 함께 발전하는 좋은 멘토가 되어야겠다는 다짐이 더 굳어진다.

모든 만남은 내게 답을 준다

박사학위 주제이자 이후 줄곧 연구해 온 분야가 '조기 진단(Minimal Time Failure Detection)'이다. 항공우주 시스템에서 문제가 발견됐을 때 재빨리 진단해 대책을 강구하는 분야다. '이 시스템을 의학에 적용해 질병의 조기 진단 분야에 기여하면 어떨까' 하는 생각이 한국행에 결정인 역할을 하기도 했다.

한국에 도착하자마자 유사 분야를 연구 중인 분들과 함께 이 분야에 대한 상의를 시작했다. 시작이 반이라는 말은 추진력의 힘을 말하는 것이다. 임용 직후 공과대학과 의과대학 예방의학과 교수들과 함께 연구진을 꾸려서 두 달 만에 연구비를 수주해 연구에 돌입했다.

임용 후 주변 선배들과 동료들이 들려준 충고는 "곧장 연구실을 만들라"는 것이었다. 한시라도 부족한 시간에 빨리 구성원을 모아 연구를 추진하라는 의미였다. 때마침 세 명의 학생이 찾아와 주었고,

그들과 함께 연구실을 꾸려 3년이 조금 넘은 지금은 연구실 소속 대학원생과 연구원이 10여 명 정도 되는 연구실로 자리를 잡게 되었다.

어떤 조직이든 사람이 핵심이다. 조직의 성과는 대부분 혼자의 힘이 아닌 다른 사람과의 협조를 통해 이룰 수 있기 때문이다. 연구 과제를 진행할 때도 사람이 중요하다. 첫째도 사람, 둘째도 사람, 셋째도 사람이다. 개개인의 능력도 중요하지만, 하나의 팀으로 일할 수 있는 사람이 더 중요하다. 나를 찾아온 많은 사람 가운데 내가 선택한 인재는 학점이 좋고 지식이 많은 사람보다는 인간성이 좋고 팀워크의 중요성을 아는 사람이었다. 최근에는 연구원 전체가 하나가 되어 일을 처리하는 과정을 보며 스스로도 굉장히 놀라곤 한다. 좋은 팀워크는 놀라운 결과를 만드는 가장 좋은 재료다.

서울대에 임용된 이후 지금까지 다수의 인턴 학생들을 지도해 왔다. 주변에서는 "연구로도 바쁠 텐데 왜 인턴 지도에 시간을 많이 쓰느냐"며 의아해하는 경우도 많았다. 하지만 도움을 필요로 하는 사람이 있다면 도와야 한다는 일념은 바뀌지 않는다. 또 내가 남을 도울 수 있는 위치에 있을 때 돕는 것이지, 그렇지 않은 경우라면 도와주고 싶어도 도울 수가 없다. 사람은 연령과 지위 고하를 막론하고 많은 것을 서로 배울 수 있는 존재다. 이런 활동 역시 나에게도 좋은 배움의 기회라 생각한다. 이런 과정을 통해 젊은이들이 무슨 생각을 하고 사는지 알 수 있고, 50대에 들어선 중년으로서 사회에 기여하는 길이기도 하다. 가끔은 그들이 기성 사회에 대한 불만으로 인해 갖게 된 잘못된 사고방식을 대화를 통해 깨우쳐 주기도 하면서 서로 이해하고 발전하는 것이라 생각한다.

CHAPTER 4
영혼을 위해 투자하라

NASA에서도 그랬지만, 한국에 온 후에도 가족들과 함께하는 여가에 대한 중요성은 절대 포기할 수 없는 일이다. 아들은 미국에 있다. 아들의 대학 진학 후 한국으로 돌아온 아내와는 늘 많은 대화를 나누고 있다. 아들 역시 방학이나 기회가 되면 한국을 찾아 고국의 문화를 익히기도 하고, 그간 쌓인 대화 보따리를 풀어 놓기도 한다.

지식의 부족함은 공부와 일을 통해 채울 수 있다. 하지만 내 삶과 영혼의 부족함은 가족과 신앙이 전부를 채운다고 해도 과언이 아니다. 그 힘은 내게 또다시 뛸 힘을 주고 희망과 함께 용기까지 준다. 아무리 바빠도 가족들과의 약속을 꼭 지킨다. 내가 꿈을 향해 달리던 때도 마찬가지였고, 앞으로도 그럴 것이다.

사랑하라, 삶을 시작하게 한 가족

미국 생활은 저녁 모임이 많지 않은 편이고, 주말에는 가족 중심으로 생활하기 때문에 한국으로 오기 전까지는 거의 매일 저녁을 가족과 함께했다. 저녁식사 시간 동안 하루 일과와 다음 날 일정에 대해 상의하고, 서로의 현재 상황에 대해 관심을 가지며 어려운 일은 다 함께 머리를 맞대고 고민했다.

저녁식사는 단순히 밥 먹는 자리가 아니라 소중한 가족 모임이다. 가족 구성원 간에 대화의 창을 열고 상의할 일이 생기면 즉시 대화할 수 있어서 좋은 방법이다. 나는 지금도 상대가 누가 됐건 저녁식사를 하는 것 자체를 중요시한다. 점심식사보다는 여유롭게 식사를 하며 긴 대화를 나눌 수 있기 때문이다.

한국에 온 후로도 주말에는 가능하면 다른 일정을 피하고 아내와 시간을 보내며 많은 대화를 나눈다. 그리고 1년에 두 번은 미국에서도 그랬듯 아내와 함께 여행을 떠난다. 가족과 함께 여행하며 긴 시간을 함께할 때면 마음이 한없이 평온해진다. 가장으로서 가족에 대한 사랑과 배려를 표현하는 수단은 높은 연봉이 아니라 가족과 많은 시간을 보내고 그들과 함께 취미를 나누는 것, 가족을 외롭게 하지 않는 것, 가족이 홀로 힘든 결정을 하지 않게 하는 것이다. 아버지와 형 그리고 내가 테니스를 같이 했듯, 또 아들 마루치와 내가 테니스를 같이 하듯 가능하면 같은 취미생활을 공유하는 것이 좋다. 테니스를 치면서 하는 대화는 밥 먹으면서 하는 대화와 완전히 다르다. 별것 아닌 일처럼 들리는 대화들도 가족들 사이에서는 소중한 추억으로 자리 잡게 된다.

마루치가 한국을 방문하면 주중에도 다른 일정을 잡지 않고 거의 가족들과 함께 시간을 보내곤 한다. 어려서부터 습관이 돼서인지 성인이 된 지금도 마루치는 부모와 같이 다니는 것을 좋아한다. 사춘기 아이를 둔 부모들은 '아이들이 부모와 함께하는 시간을 싫어한다'며 섭섭해한다. 그러다 아이들이 성인이 되고 나면 '더 많은 시간을 아이들과 보낼 수 없게 됐다'고 토로한다. 하지만 평소에 친하지 않았던 부모와 하루아침에 친해질 수 있는 아이는 별로 없다. 어려서부터 꾸준히 부모와 함께하는 시간을 만들고, 그 시간을 즐겁고 재밌게 보낸다면 아이가 아무리 나이를 먹어도 부모와의 시간을 기대하게 될 것이다.

"나는 아빠와 함께 있는 시간이 즐거워" "엄마랑 함께 식사하는 시간이 참 좋아." 이런 말을 듣기 위해서는 그만큼 노력이 필요하다. 사랑도 노력 없이 이뤄지는 것은 아니다. 세상에 가족의 소중함을 아는 사람 치고 다른 사람들을 진정으로 사랑하고 소중하게 생각하지 않는 경우가 없다.

감사하라, 삶을 완성시키는 신앙

　중학교 때부터 다녔던 서울 영락교회는 성가대만 다섯 팀이 있었을 정도로 성가대 활동이 활발한 교회였다. 나는 '시온 성가대'에서 테너 파트를 담당했는데, 전체 인원만 200명이 넘었던 것으로 기억한다. 그래서 매년 서울 광화문에 있는 세종문화회관 대강당에서 열렸던 성가대합창제의 마지막은 늘 우리가 장식했다. 나도 세 번 정도 그곳에 선 경험이 있다. 두 달여간 성가대원들과 함께 맞춰 보고 연습한 후 무대에 올랐던 기억은 지금도 잊히지 않는 큰 감동으로 남아 있다. 성악이나 노래를 전공하지 않은 사람으로서 당시 우리나라에서 가장 큰 공연장에 선다는 것, 그리고 진심을 다해 찬양할 수 있다는 것 자체가 내게는 너무도 큰 영광이었다.

　어린 나이였지만 종교와 인생에 대해 많은 생각을 했던 때였다. 성가대에 설 때마다 '의미 있는 삶을 살자'고 다짐하곤 했다. 200명이 하나가 된 아름다운 찬양, 그리고 그 소리를 듣기 위해 객석을 채운 교인들. 마치 이 모든 것이 하나로 연결된 아름다운 세상 같았다. 우리의 찬양을 통해 기쁨과 환희를 느끼는 사람들을 보며 '지금 이 목소리처럼 내가 받은 은혜와 지혜를 꼭 필요한 곳에 나누어 기쁨을 전하는 사람이 되자. 그것이 내 사명이다'라는 생각이 들었다. 그것은 그대로 내 인생의 모토가 되었다. 내 연구 분야에서 열정적일 수밖에 없는 나와의 약속이 되었던 셈이다. 한국에 돌아와 광화문 언저리를 지날 때면 그날의 기억이 새록새록 떠오른다.

미국에서 살 때도 아들 마루치와 아내, 우리 가족은 주일이면 교회를 찾아 일주일의 모든 고단함을 내려 놓고 살아 있음을 감사드렸다. 그렇게 기도 시간이 끝나면 간단하게 외식을 하곤 했는데, 그때 우리 가족의 표정은 그야말로 '편안함, 유연함, 충만함' 자체였다. 부모님과 아내, 아들에 이르기까지 하나님의 말씀을 듣고 섬길 수 있다는 것이 얼마나 큰 행운인가. 만일 내게 신앙이 없었다면 힘든 타국 생활을 이겨 내는 면역력이 부족했을지도 모른다.

20대 초반의 나이에 남편 하나 믿고 미국으로 와야 했던 아내 역시, 외롭고 낯선 타국 생활이 괴롭기만 했을지도 모른다. 동양인으로, 한인 2세로 살고 있는 아들 마루치 역시, 보이지 않는 차별에 맞닥뜨렸을 때 맥없이 무너졌을지도 모른다. 하지만 하나님을 의지하는 신앙이 있었기 때문에 우리는 해낼 수 있었고 행복할 수 있었다.

오늘도 나는 감사의 기도와 함께 하루를 시작한다. 어린 시절 내가 600만 불의 사나이를 만났던 것도, 테니스를 배우며 다부진 건강을 챙길 수 있었던 것도, 느닷없이 미국 유학을 떠나게 된 것도 감사한다. 미국 최고의 대학, 최고의 직장들을 거쳐 인류의 마지막 염원이 담긴 NASA에서 항공우주공학을 연구할 수 있었던 점에 감사한다. 그리도 지금, 지난 삶의 모든 열정의 결과를 모아 재배치하고 융합하여 새로운 세상의 다리를 놓을 수 있음이 무엇보다 감사하다.

내 삶의 모든 단계에 개입한 호기심과, 그 호기심이 답을 얻을 때까지 나를 재촉한 1%의 땀방울에 나는 내 성공과 감사의 답이 있다고 말하고 싶다. 누구나 자신이 소망하는 가치를 하늘로 쏘아 올릴 추진력은 바로 '조금만 더', 1%의 노력에 있다는 것을 마지막으로 말하고 싶다.

에필로그
오늘, 미래를 향한 탐사는 계속된다

    2013년 1월 30일 오후 4시, 대한민국 우주산업에 청신호가 켜졌다. 실패와 연기를 거듭하던 한국 최초의 우주발사체 나로호(KSLV-I)가 성공적으로 발사됐기 때문이다. 2009년과 2010년 두 번의 실패에 이은 마지막 도전으로 2002년 8월 소형위성발사체 사업에 착수한 지 꼬박 10년 만의 성과였다.

    나로호 발사 성공의 긍정적 효과는 무엇일까? 한국산업연구원(KIET)에 따르면, 나로호 발사가 최종 성공으로 결론 날 경우 1조 8,000억~2조 4,000억 원 수준의 경제적 효과를 얻을 수 있다고 한다.

    우주산업은 특히 다른 산업에 미치는 경제적 파급 효과가 매우 크다. 10만 개 이상의 부품이 들어가는 우주발사체 기술은 전기, 전자, 기계, 화학, 신소재 등 첨단 기술이 집약된 복합체로 인간의 삶에 필요한 환경, 의료, 교통 등 모든 영역으로 활용 범위를 넓혀 가고 있다. 우리나라가 이처럼 우주산업에 심혈을 기울인 것도 항공우주 기술이라는 첨단 분야의 기술 혁신을 통해 우주 강국으로 도약할 수 있기 때문이다. 항공우주 기술은 수입 대체 효과, 연관 산업 활성화, 신규 서비스 시장 창출 등 국가 경제에 지대한 역할을 한다.

  하늘을 향한 꿈 하나가 떠오르는 데 드는 막대한 비용만큼, 그것이 성공했을 때 국가가 얻을 수 있는 혜택 또한 어마어마하다. 한국의 의공학과 항공우주공학을 두루 발전시킬 수만 있다면, 그런 꿈이 하늘을 향해 날 수만 있다면 그보다 기쁜 일이 또 있을까.

  나로호가 발사되는 광경을 바라보며 그 옛날 어린 내가 그랬듯 하늘로의 꿈을 꾸는 어린이들이 많았으면 좋겠다는 바람이 생겼다. 이를 위해 지금의 내가 해야 할 일은 무궁무진하다. 후진 양성과 대한민국 항공우주공학의 발전, 의공학의 새로운 시작 등 무척이나 거창해 보이는 이 모든 일을 지금까지 내가 해 온 것처럼 성실함을 무기로 조금씩, 꾸준히 반드시 해내려 한다.

"NASA에서 한국으로 오기까지 어려운 결정이었을 것 같습니다. 한국에서는 어떤 일을 할 계획이고, 최종적으로 어떤 목표를 가지고 있습니까?"

귀국한 지 얼마 지나지 않아 한 신문기자가 던진 질문이다. 나는 "나의 꿈은 멈추지 않을 것이고, 죽을 때까지 봉사하는 마음으로 살 계획이다"라고 대답했다.

현재 특허 출원한 수술용 로봇 분야의 '외과수술 로봇 조작 장치'는 조이스틱같이 생긴 조종대를 활용해 전후좌우 이동 및 회전이 가능한 제품이다. 10시간이 넘는 대수술 집도 시 의사의 피로도를 줄이고, 안정적으로 수술할 수 있도록 하는 것이 목적이다. 현재 로봇 팔의 경우 보험이 적용되지 않는 고가 수술이다. 그럼에도 불구하고 서울대학병원에 대기 인원이 넘쳐 날 정도로 수술 만족도가 높다. 앞으로도 이를 점점 더 발전시켜 세밀한 작업이 가능하도록 수정 보완할 계획이다.

피부과 의뢰로 연구 개발 중이며 특허를 등록한 '레이저 조사 시스템 및 이를 포함한 로봇 레이저 조사기'는 한 부분을 지속적으로 제모하거나, 간호사 등 비자격 의료인이 불법으로 시술하는 것을 방지할 수 있는 로봇이다. 제모 범위를 정하고 수치를 컴퓨터에 저장하면 원하는 범위를 정확하게 제모할 수 있다. 환자의 프라이버시가 중요한 부위도 로봇이 제모를 수행하기 때문에 부담 없이 할 수 있는 장점이 있어 좋은 반응을 얻고 있다.

능동형 캡슐 내시경은 기존 캡슐 내시경의 단점을 보완한 제품이다. 현재 한국과 미국에 특허를 등록 및 출원한 상태다. 능동형 캡슐 내시경의 특징은 캡슐 본체에 팬을 달아 장기 내벽에 손상을 주지 않고 자유롭게 날아다니며 원하는 부분을 촬영할 수 있는 장점이 있다. 과거 SF 영화에 등장하는 것처럼 캡슐을 꿀꺽 삼키면 그 캡슐이 온몸을 돌아다니며 적혈구나 백혈구, 암세포도 만나는 스토리가 현실이 된 것이다.

인간의 평균수명이 늘어나면서 재활에 관심이 커지고 있다. '편마비 치료 장치'라는 이름으로 특허를 출원하였고, 재활 로봇 개발을 위해 현재 재활의학과와 공과대학에서 공동 연구를 하고 있다. 이 외에도 당뇨병과 유방암에 관련된 연구와 피부 진단 장치 등의 개발이 진행되고 있다.

이 같은 연구들은 모두 의공학과 밀접한 관계가 있는 성과들이다. 그렇다면 나만의 장점인 항공우주공학을 의학에 접목한 항공우주의학을 어떻게 활용할 수 있을까? 우주라는 환경 속에서는 인체가 놀라운 변화를 겪는다. 무중력 상태에서는 내분비계와 순환기계 그리고 근골격계에 변화가 오는데, 이 변화는 면역 반응의 변화로 이어진다. 이 점을 살려 자가면역성질환 같은 치료에 도움이 되는 연구를 할 수 있다. 또 류마티스 관절염은 우주 환경에서 중력하중과 염증 반응이 함께 경감된다. 이 점을 이용해 치료에 근본적인 변화를 가져올 수도 있을 것이다.

나는 우주를 날아다니는 600만 불의 사나이가 탄생하리라는 확신이 있다. 우주라는 공간에서 나타나는 인체의 변화를 바탕으로 인류의 삶을 더욱 건강하게 만드는 일, 600만 불의 사나이처럼 잃어버린 팔을 만들고 사라진 청각과 시각을 되돌리는 일 등 불가능할 것만 같은 이러한 기적들을 과학을 통해 실현하고자 한다. 어린 시절 보았던 영화 같은 이야기가 몇 십 년이 지난 지금 현실이 되어 가고 있는 것이다.

  미래를 향해 전 세계가 더 나은 과학기술을 선보이며 경쟁하고 있다. 그 속에서 한 사람의 과학자로서 작지만 반드시 필요한 역할을 하고자 하는 것이 내 남은 삶에 주어진 과제이자 소명이라고 생각한다.

  어찌 알겠는가. 10년쯤 지난 후 "다음 진료는 제2우주 진료실로 예약되었습니다"라는 이야기를 듣고 있을지. 재미있지 않은가? 과학과 함께하는 삶이.

1% 호기심, 꿈을 쏘는 힘

1판 1쇄 2013년 5월 25일 발행
1판 5쇄 2017년 12월 1일 발행

지은이 · 김성완
펴낸이 · 김정주
펴낸곳 · ㈜대성 Korea.com
본부장 · 김은경
기획편집 · 이향숙, 김현경, 양지애
디자인 · 문 용
영업마케팅 · 조남웅
경영지원 · 장현석, 박은하

등록 · 제300-2003-82호
주소 · 서울시 용산구 후암로 57길 57 (동자동) ㈜대성
대표전화 · (02) 6959-3140 | 팩스 · (02) 6959-3144
홈페이지 · www.daesungbook.com | 전자우편 · daesungbooks@korea.com

ⓒ 김성완, 2013
ISBN 978-89-97396-22-1 (03320)

이 책의 가격은 뒤표지에 있습니다.

Korea.com은 ㈜대성에서 펴내는 종합출판브랜드입니다.
잘못된 책은 구입하신 곳에서 바꾸어 드립니다.

이 도서의 국립중앙도서관 출판시도서목록(CIP)은 e-CIP홈페이지(http://www.nl.go.kr/ecip)와 국가자료공동목록시스템(http://www.nl.go.kr/kolisnet)에서 이용하실 수 있습니다.(CIP제어번호: CIP2013005537)